Hubertus von Schoenebeck, geboren 1947, lebt mit seiner Frau und seinen beiden Kindern in Münster. Nach einjähriger Lehrtätigkeit erforschte er von 1976 bis 1978 die theoretische Antipädagogik in einem Praxisprojekt mit Kindern, anschließend Promotion im Jahr 1980. Seine Forschungsergebnisse und Erfahrungen mit der therapeutischen Philosophie von Carl Rogers in Kalifornien bündelte er in das Praxiskonzept »Freundschaft mit Kindern«, das zur Grundlage eines »Lebens jenseits der Erziehung« geworden ist (1978). Seitdem ist er publizistisch und therapeutisch tätig im »Freundschaft mit Kindern-Förderkreis e.V. Münster für eine erziehungsfreie Lebensführung«. 1985 begründete er das »Selbst-Verantwortungs-Training« (SVT) zur Entfaltung der Selbstverantwortlichkeit. Er spricht in Universitäten, Volkshochschulen, Schulen und Elternkreisen, Seminaren und Jugendgruppen über sein Konzept und führt eigene Seminare durch.

W0236432

Vollständige Taschenbuchausgabe 1989
Droemersche Verlagsanstalt Th. Knaur Nachf., München
Lizenzausgabe mit freundlicher Genehmigung des Kösel-Verlags
© 1983 by Kösel-Verlag GmbH & Co., München
Umschlaggestaltung Adolf Bachmann
Umschlagfoto Photofile/Zefa
Druck und Bindung Elsnerdruck, Berlin
Printed in Germany   5   4   3   2
ISBN 3-426-03954-0

Hubertus von Schoenebeck:
Ich liebe mich so wie ich bin

Der Weg aus Selbsthaß, Ohnmacht und Egoismus

Inhalt

Für Xenia

Vorwort

Ich habe mich über die Briefe zu meinem Buch gefreut, in denen mir die Menschen von sich erzählten und sich mir anvertrauten. Ich habe sie gern beantwortet und bin dafür sehr dankbar. Zwei Beispiele:
»Ich habe Dein Buch gerade zu Ende gelesen und will dieses Gefühl in meinem Bauch an Dich weitergeben. Ich bin fasziniert. Ich habe viele Gefühle und Ideen wiederentdeckt. Vieles davon ist ungelebt, doch ich bin auf dem Weg zu mir. Ich fühle mich so bestätigt, so wahr und wesentlich, es ist unbeschreiblich schön.«
»Ich habe Angst, mich auf das, was Du schreibst, voll einzulassen. Aber ich wage es. Ich glaube, das ist das Gefährlichste und Chancenreichste, was ich je zu meiner Selbstbefreiung unternommen habe. Ich kann verrückt werden dabei, ich kann aber auch endlich aus den Fesseln ausbrechen, die mir das Leben verderben: Schuldvorwürfe, Minderwertigkeitsgefühle und Mißtrauen gegen andere wie gegen mich.«
Ich habe auch ablehnende Reaktionen erhalten. Sie kamen aus den Reihen intellektueller Streiter. Meine psychodynamischen Mitteilungen, gar noch Gedichte – das war nichts für sie. Ich habe diese Reserviertheit bedauert, aber sie hat mich auch gefordert: Drei Jahre nach *Ich liebe mich so wie ich bin* erschien für die theoretische und wissenschaftliche Welt mein Buch *Antipädagogik im Dialog* – Klarheit und Wahrheit für alle, die die Selbstliebe-Thematik lieber (erst mal) mit dem Kopf statt mit dem Bauch angehen.
Ich erlebe die Aussagen des Buches heute deutlicher und intensiver. Damals war es mühsam, mir all diese Dinge bewußtzumachen und sie in Sprache umzusetzen. Ich erinnere mich genau an schwierige Stellen, wie viel Mut es gekostet hat, dennoch zu schreiben, was ich wußte. Ich vertraute darauf, daß sich der Sinn, den ich fühlte, mitteilen würde. Ich war voller Energie, diesen Sinn nicht nur in mir und meinen Beziehungen zu leben, sondern davon zu berichten und ihn wie ein

Feuer im Dunkel aufleuchten zu lassen. Ich bin glücklich, daß ich mich das getraut habe, und ich freue mich sehr, daß es mit diesem Taschenbuch weiteren Schub bekommt.

Ich bin nun seit zehn Jahren dahingehend engagiert, das »Ich liebe mich« in die Welt zu tragen. Nicht nur das »Ich liebe mich, so wie ich bin«, sondern das kraftvolle und uneingeschränkte »Ich liebe mich«. So sollte das Buch eigentlich heißen, doch gab es diesen Titel schon für ein anderes Buch.

»Ich liebe mich« – das heißt, ich bin ganz und gar o.k., konstruktiv von Anfang an, Ebenbild Gottes, Wahrheit, Leben, Mittelpunkt. Ich fühle mich getragen vom Sinn, der in allem lebt, auch in mir. Und ich spüre Kraft, mich um den anderen zu kümmern, er ist ein Teil von mir, und seine Nähe tut mir gut. Mich lieben heißt ja auch, dich zu lieben – es ist alles so klar. Und doch: Als Kinder verloren wir den Glauben an uns. Eines Tages wurde die Zone des Vertrauens zu dünn, die ersten Schuldgefühle durchrasten uns, die Angst vor dem anderen entsetzte uns. Wir rückten mehr und mehr voneinander ab und gaben den anderen mit ihren Meinungen über uns mehr und mehr Raum. Wir wurden erziehbar und verloren das Paradies.

Ich bin mir heute noch sicherer als damals, daß wir alles Recht der Welt haben, das Paradies auf Erden hier und heute herzustellen. Um diese Perspektive geht es mir. Wenn wir das vertagen (wohin eigentlich?), werden wir Glück und Frieden nie gewinnen. Nein, die Verhexung, die uns in der Kindheit aus dem Paradies trieb – daß wir nämlich noch keine vollwertigen Menschen seien, in tausend Dingen besser werden müßten –, diese psychische Lähmung *läßt sich überwinden*. Sicher, das bedeutet eine kulturelle Umwälzung, denn das pädagogische Weltbild insgesamt muß über Bord gehen. Doch es gilt: Niemand spürt besser als ich, was für mich gut ist.

Ich bin verantwortlich für mich von Anfang an! Niemand ist aufgerufen, stellvertretend für mich meine Entscheidungen zu treffen! *Ich* habe mich entschieden, auf diesen Planeten zu kommen, durch diese Eltern, in diese Zeit, und ich werde ihn zu meiner Zeit verlassen! Jeder kann mir zuhören, mich unterstützen oder sich verweigern – aber niemals brauche ich Erziehung, das »Ich weiß besser als du, was für dich gut ist«!

II

»Wer Kinder liebt, erzieht sie nicht«: Die radikale Formel der Anti-pädagogik (nicht zu verwechseln mit der antiautoritären Erziehung oder damit, die Kinder im Stich zu lassen) hat einen tiefen positiven Sinn. Denn wenn wir konstruktiv von Anfang an sind, müssen wir es nicht erst werden. Dann können wir uns lieben, wie immer wir sind. Und dies schließt den anderen mit ein.

Ich habe im Laufe der Jahre viele Vorträge zu diesem Thema gehalten, an Universitäten, Volkshochschulen, Schulen, in Elternkreisen, Seminaren, Jugendgruppen, Kindergärten. Inzwischen mögen es ein halbes Tausend sein. Ich habe viel erklärt, zugehört, vermittelt. Und immer wieder ging es eigentlich um diesen Kern: daß ein jeder sich selbst lieben kann und daß dies etwas grundlegend Konstruktives für persönliches Glück und sozialen Frieden ist. *Das* wollte ich sagen, und *das* wollten die Menschen hören, fasziniert von dieser fremden und doch so vertrauten Botschaft.

Ich werde oft gefragt, wie man es denn anstelle, sich zu lieben. Verstanden – mit dem Kopf – wird sie schon, die Sache mit der Selbstliebe, dem »Weg aus Selbsthaß, Ohnmacht und Egoismus«. Nur: wie bekommt man das hin? Meine Antwort ist immer noch dieselbe wie damals: Ich weiß es nicht. Es ist wohl auch nicht irgendwie »machbar«. Liebe läßt sich nicht machen – sie macht uns. Sie ist immer da, sie nimmt nie ab, auch wenn wir sie aus den Augen verlieren. Meine Liebe zu mir lebt unverrückbar in mir. Ich sage auch: Das Kind in mir ist stets da und wartet darauf, daß ich es (also mich) in den Arm nehme. Meine Liebe wartet auf mich.

Ich bin im Alltag heute mit Menschen zusammen, die diesen Sinn wieder in sich tragen. Meine Freunde und Vertrauten sind Menschen, die die Selbstliebe wieder fühlen können. Für die anderen war das zu fremd, sie wandten sich ab, oder ich ging fort. Ich will damit sagen, daß ich auf meinen Umgang achten gelernt habe, ich mute mir nicht mehr alles und jeden zu. *Dies* läßt sich schon machen. Ich lese *solche* Bücher (z. B. die von Carl Rogers), ich sehe *solche* Filme (mein Lieblingsfilm ist »Der Smaragdwald« von John Boorman), ich mache mehr und mehr *solche* Dinge – sie alle enthalten etwas von dem »Ich liebe mich«. Ich möchte nicht nur schreiben. Ich gehe auf die anderen zu. Ich biete Seminare an, wo wir gemeinsam erleben und erproben, was es bedeutet, sich selbst zu lieben. Es beginnt damit, wieder darauf zu setzen, ganz und gar *selbstverantwortlich* zu sein. Jedes Seminar ist auch für mich ein neues Abenteuer, doch was immer wir zusammen erleben, wir legen eine Wegstrecke zu uns selbst zurück. Selbstliebe wird durch Selbstverantwortung lebendig, und ich habe gelernt, daß wir die gegenseitige Unterstützung und die Kraft der Solidarität gut gebrauchen können. Mehr als früher erkenne ich die Chance, die für das Wachsen der Selbstliebe im gemeinsamen Tun, in der Begegnung mit Menschen gleicher Art liegt, und ich helfe auch hier gern. Wenn Sie das Buch gelesen haben und nach anderen Ausschau halten, nehmen Sie einfach Kontakt auf und schreiben Sie mir. Sie sind nicht allein! Ich möchte Sie ermutigen, Isolation zu durchbrechen. Schreiben Sie mir einen Brief oder lassen Sie sich das Seminarprogramm schicken, um selbst teilnehmen zu können. Meine Anschrift finden Sie am Ende des Buches.

Ich habe meine Seminare »Selbst-Verantwortungs-Training (SVT)« genannt. Nach mehrjähriger Erfahrung mit antipädagogischen Gruppentreffen schrieb ich 1985 die Konzeption des Selbst-Verantwortungs-Trainings und begann mit der Seminararbeit. Sie können sich gern das Konzept schicken lassen. Neben den psychodynamischen Seminaren, die nur für Erwachsene (groß gewordene Kinder) gedacht sind, biete ich auch Familienseminare an. Dann verbringen wir gemeinsam Zeit und unternehmen etwas mit den Kindern, so, wie es sich ergibt; in Theoriesitzungen besprechen wir alles, was uns interessiert, abends erleben wir uns in vertrauten und intensiven Gesprächen. Und einmal im Jahr gibt es ein Wochenende, das ganz für Theorie und Diskussion mit Neuinteressenten reserviert ist.

Ich möchte Ihnen zum Schluß des Vorworts meine Geschichte vom Froschkönig erzählen (aus dem Seminarkonzept). Ich wünsche mir, daß mein Buch *Ich liebe mich so wie ich bin«* für Sie hilfreich ist. Seien Sie sicher: Wie die Prinzessin können Sie durchaus eine goldene Kugel verlieren – nie aber in Wirklichkeit den Glauben an sich. Sie *sind* voll Liebe – Sie sind Liebe.

Ihr
Hubertus von Schoenebeck
April 1989

IV

Froschkönig
(aus: H. v. Schoenebeck, Selbst-Verantwortungs-Training [SVT],
Münster 1985)

Was mich an der Froschkönig-Geschichte so beeindruckt, ist der Mut
der Prinzessin, an ihrem Glauben an sich festzuhalten und gegen alle
Moral zu verstoßen, wenn es um eigene, existentielle Dinge geht. Normen der anderen gibt es wie Sand am Meer. Uns Kindern wurden sie
ununterbrochen verbindlich gemacht. Der Königsvater mahnt, nicht
böse, sondern sanft – und doch so zersetzend.

Die Prinzessin lebt in ihrer Welt mit ihren Werten – so, wie dies auch
der souveräne Frosch tut, ein König, von gleicher Art wie sie. Das Eingehen auf seine Bedingung war erpreßt. Vor der Moral des Königskin-
des hat er kein Recht, Gefährtenschaft und mehr zu fordern. Vor aller
Welt aber hat er es, vor aller Erwachsenenwelt. Diese Erziehungsbot-
schaft sitzt tief. Und erst in der allergrößten Not – als der Widerling
tatsächlich ansetzt, ihr zu Leibe zu rücken – besinnt sie sich auf ihre
Kraft, auf ihre Welt und ihre Heiligkeiten: Zur Hölle mit all den fremden Monstern, die sich in mir breitgemacht haben, die mich lähmen
und die Normen in mir errichtet haben, die nicht die meinen sind!

Was den meisten von uns groß gewordenen Kindern nicht mehr gelingt, nämlich das eigene Beste zu erkennen *und* für seine Realisierung
einzutreten – mithin Verantwortung für uns zu übernehmen, so, wie es
uns tatsächlich entspricht und nicht fremden Normen in uns –, dies
schafft diese Botin der Selbstverantwortung und Selbstliebe. Sie er-
greift Partei für sich, sie bekennt sich zu sich, sie wehrt das Fremde mit
aller Kraft ab. Und siehe da, die Welt geht nicht unter, niemand fällt
tot um, das Chaos bricht nicht aus. Das Gegenüber läßt sich nun auch
darauf ein – ihre Befreiung ist auch seine Befreiung. Trag Verantwortung für dich selbst, nicht für mich, denn dies tu ich selbst. Dann wirst
du erkennen, wer du bist, wer ich bin, und daß unsere Konstruktivität
existiert bis ans Ende der Zeit.

Daß die beiden sich lieben, so grundlegend wesensverwandt, war zu Beginn ihrer Affäre schon offenkundig. Daß sie dies auch leben können,
weil niemand auf sich verzichtet – das ist uns fremd geworden. Und doch
ist es wahr, und jeder kann diese uralte Weisheit zurückgewinnen.

Veröffentlichungen von Hubertus von Schoenebeck

Der Versuch, ein kinderfreundlicher Lehrer zu sein. Fischer-Taschenbuch 1980, seit 1988 im Selbstverlag.

Unterstützen statt erziehen. Die neue Eltern-Kind-Beziehung. Kösel-Verlag 1982 (4. Auflage 1988).

Antipädagogik im Dialog. Eine Einführung in antipädagogisches Denken. Beltz Verlag 1985, erw. Auflage 1989.

botschaften des zuhörens. die kommunikation von person zu person. Teil der Dissertation. Selbstverlag 1982.

Antipädagogikforschung. Methoden und Berichte der ersten Kinderrechts-Promotion. Teil der Dissertation. Selbstverlag 1983.

Gast im Kinderland. Antipädagogische Erfahrungen – Reflexionen und Poesie. Teil der Dissertation. Selbstverlag 1985.

Div. Broschüren beim FREUNDSCHAFT MIT KINDERN-Förderkreis e. V. Münster (Kinderrechtsbewegung und Deutsches Kindermanifest, Thema Schule, Antipädagogik-Bibliographie, Selbst-Verantwortungs-Training, Jenseits der Erziehung u. a.).

Einführung

1. Perspektive

Seit es Herrschaft, Waffen und Krieg gibt, haben die Menschen immer wieder den Frieden herbeigesehnt. Ein bekanntes Beispiel aus vergangenen Zeiten sind die Worte des Propheten Micha aus dem Alten Testament, mit denen er von einer Zeit kündet, in der sich die Völker nicht mehr bekriegen, Schwerter zu Pflugscharen und Lanzen zu Winzermessern umgeschmiedet werden, niemand mehr das Kriegshandwerk lernt und keiner mehr den anderen als Bedrohung erlebt. Doch erst in unseren Tagen ist ein Ereignis eingetreten, das die Friedenssehnsucht der Menschen Wirklichkeit werden lassen kann: Die atomare Vernichtungsbedrohung aller. Die angehäuften Atomwaffen stellen die Menschen vor die kompromißlose Wahl, entweder sich der Vernichtung auszuliefern oder *endgültig* auf Waffen, Krieg und Herrschaft zu verzichten.

Die Generation des ausgehenden 20. Jahrhunderts entwickelt erstmals in der Millionen Jahre alten Geschichte der Menschen ein *Gefühl für die Menschheit insgesamt*. Angesichts der Vernichtungsgefahr auch für den »Sieger« durch seine eigenen Waffen, angesichts unser aller Vernichtung ist es unsinnig, hie Freund und da Feind zu sehen. Das »alle Menschen werden Brüder« – vorausgeahnt zu Beginn des Zeitalters der modernen Waffen – ist in den Gefühlen dieser Menschen Wirklichkeit geworden.

An den Schalthebeln der Macht sind heute jedoch noch die, denen sich die atomare Revolution nicht mehr oder noch nicht mitteilen konnte. Sie erfassen nicht, was es bedeutet, als zweiter zu sterben. Die alte Sicht des »einer wird gewinnen« hält sie fest, und sie erleben das Atompotential nicht anders als die traditionellen Waffen, nur, daß es dann wohl etwas lauter knallt. Was die wissenschaftlich entwickelte nukleare Strahlenwaffe für das Leben überhaupt bedeutet, vollziehen sie nicht nach: Sie sind zufrieden, daß sie die

Stärksten sind, und wie jeder von uns tun sie ihr Bestes. In Wahrheit aber sind sie heute das schwächste Glied in der Kette des Lebens – doch das Leben sucht unablässig den Weg zum Licht, und es setzt nun auf den neuen »nachatomaren« Menschen.

Die Menschen, die jetzt auftreten, haben die neuartige Mentalität eines *grundsätzlich* friedlichen Menschen, der Herrschaft und Waffen als absurd einstuft und sie vom Gefühl her ablehnt. Ich nenne ihn *Frieder*. Diese Menschen beginnen weltweit, sich ihrer neuen Art mehr und mehr bewußt zu werden. Sie merken, daß sie in sich selbst die Wertungen, Bilder und Strategien der *Krieger* überwinden und neue Grundlagen für ihr Leben finden können. Wenn es auch bislang nur wenigen gelingt, die neue Mentalität zur alltäglichen Wirklichkeit werden zu lassen – und sie vielmehr in der schwierigen Umorientierung leben –, so dokumentieren doch die großen Friedensdemonstrationen der jüngsten Zeit den Aufbruch.

Das Entscheidende dabei ist die *psychische Veränderung*, das, was *in* diesen Menschen geschieht. Sie beginnen, *Frieden zu fühlen*. Es bedeutet, daß sie in sich selbst Frieden erleben und daß sie diesen inneren Frieden nach außen tragen. Das Wissen um die einzige Überlebensmöglichkeit für alle – eben Frieden zu leben – ist tief in sie eingedrungen und setzt dort eine psychische Entwicklung in Gang, die sie durch und durch verändert und zu Menschen neuer Art macht. Der inneren Friedensbereitschaft, die jeder Mensch von Geburt an mitbringt, kann durch die gegenwärtigen Lebensumstände in nicht dagewesener, entscheidender Art zum Durchbruch verholfen werden. Dies ist ein anstrengender, doch tief beglückender Prozeß in einem jeden dieser Menschen, und von ihm berichtet dieses Buch.

Die neuen Menschen haben ein anderes Ich-Gefühl als die Generationen vor ihnen, die die Idee der Herrschaft als etwas Unaufhebbares ansahen. Sie sind frei geworden von dem ständigen finsteren Alptraum, im anderen Menschen Gefahr und Vernichtungsdrohung zu sehen. Es läßt sich heute nur überleben, wenn weder ich für dich noch du für mich gefährlich bist. Die grundlegende Solidarität zu *jedem* Menschen tritt an die Stelle der grundsätzlichen Abwehrbereitschaft, Angst und Aggressivität gegenüber dem anderen. Frei von der Belastung, gebannt auf den anderen zu starren, erfahren diese Menschen auf einmal sich selbst. Gewaltige psychische Energie wird dadurch frei: *Es gibt den bösen Anderen nicht mehr – es gibt das Böse nicht mehr.* Diese psychische Energie macht den Menschen wieder bewußt und läßt sie fühlen, wie schön, machtvoll und voll Liebe sie in Wahrheit sind. Die neue Dimension »der andere ist nicht Gefahr, ich muß nicht auf der Hut sein vor dem Bösen, denn es gibt ihn nicht« läßt sie das Leben von einer neuartigen Friedensperspektive aus sehen. Eine egoismusfreie, konstruktive Selbstliebe pulsiert in diesen Menschen, und voll Neugierde, Lust und Anteilnahme halten sie Ausschau nach den anderen.

Eine neue Ich-Beziehung tritt in Erscheinung, getragen von den nachatomaren Menschen. Sie beginnen den Frieden zu leben: in sich, im Alltag, in der Gesellschaft. Sie erwarten und setzen sich dafür ein, daß die Menschheit überlebt und die Zukunft gewinnt. Sie führen ihr Leben in der realistischen Hoffnung, daß die atomare Revolution das fast verlorene Tor zum Frieden aufgestoßen hat. Und sie wissen, daß es *an ihnen selbst* liegt, diese Chance zu nutzen.

2. Anfang

Wir haben in unserer Kindheit eine bestimmte Art erlernt, uns selbst zu sehen und unsere Beziehungen zu anderen Menschen zu gestalten. Für Menschen unseres Kulturkreises entspricht die Art der Ich-Beziehung und Wir-Beziehung westlicher Zivilisation und abendländischer Tradition. Die zugrunde liegende Kulturform ist etwa 10 000 Jahre alt und das Ergebnis der »neolithischen Revolution« (Neolithikum=Jungsteinzeit). Damals wandelte sich die Art des Zusammenlebens der Menschen. Aus den seit Urzeiten umherstreifenden Jagdsippen wurde die seßhafte Agrargesellschaft, und entsprechend diesem Wandel änderten sich auch die Beziehungen der Menschen und ihre Auffassung von sich selbst. (Ausführlich hierzu S. 136 ff.)

In der langen Zeit davor lebten die Menschen hunderttausende von Jahren konstruktiv, friedlich und solidarisch. Die heute geltende und so ganz andere Kulturform zeigt nach einer Dauer von zehntausend Jahren ihr Scheitern an: Nach unzähligen Kriegen mit immer furchtbareren Waffen, nach vielfältigster Unterdrückung, nach der Ausbildung demoralisierender und herrschsüchtiger Religionen, Philosophien und Ideologien genügt heute der Fingerdruck eines einzelnen Menschen – auf den »roten Knopf« –, um uns alle zu vernichten.

Im Jahr 1945 detonierten die ersten Atombomben, und ihre Superblitze schlugen tief ein in unser Bewußtsein, in unser Gefühl, wenn nicht in unsere Gene: Es gibt eine tödliche Bedrohung der Menschheit insgesamt! Und nur eine Generation nach diesem wahrhaft revolutionären Vorgang drängt das uralte Menschenwissen um Frieden zurück in unser Bewußtsein. Es durchbricht die seit der Steinzeitrevolution in einer langen Folge von Generationen immer fester gefügten Angstmuster in den Menschen und gibt uns Energie und Macht, um die Herrschaftsstrukturen zu beenden, in denen wir gefangen sind.

Dieses Wissen beginnt sich jetzt zu befreien, und es bedient sich einer immer größer werdenden Zahl von Menschen. Sie alle spüren die nachatomare Verantwortung vor der Menschheit. Und sie geben in den verschiedensten Formen weiter, was sie in sich wiederentdekken und was ihre tiefe persönliche und zugleich universale Wahrheit ist.

Auch ich versuche dies mit diesem Buch. Ich beschreibe die große psychische Veränderung, die in den neuen Menschen geschieht, die Prozesse der Befreiung des gefangenen Ichs. *Ich liebe mich* ist die Kernaussage des friedensfähigen Menschen, und seine neue Ich-Beziehung ist voller sozialer Energie. Sie ist in gleicher Weise eine neue Du-Beziehung und eine neue Wir-Beziehung. Sie wirkt in den politischen Raum und bildet die Grundlage, um den privaten »kleinen« und den gesellschaftlichen »großen« Frieden zu gewinnen.

3. Anliegen

Die ersten Entdeckungen grundlegend neuer Beziehungsmöglichkeiten machte ich 1976 im Rahmen einer Forschungsarbeit über neue Formen der Erwachsenen-Kind-Beziehung. Es folgte eine Zeit intensiver Arbeit für das erziehungsfrei-therapeutische Zusammenleben mit Kindern. Im Sommer des Jahres 1982 machte ich einen ersten Versuch, die Gesamtthematik niederzuschreiben, doch verstrickte ich mich in tausendundeine Überlegung. Im Herbst 1982, kurz vor der Ankunft unseres zweiten Kindes spürte ich: ich könnte und sollte das Buch jetzt schreiben. Und es gelang mir, alles über die neue Form der Beziehung zu mir und den anderen aufzuschreiben, was mir wichtig ist.

Ich schreibe über die Grundlage für den dauernden Frieden: die psychische Veränderung der Menschen von Kriegern zu Friedern, die Entwicklung einer neuartigen Ich-Beziehung. Dies geschieht nicht mit einem umfangreichen und theoretischen Werk, sondern mit einem gut lesbaren und verständlichen Sachbuch. Es soll helfen, eigene Perspektiven zu gewinnen. Ich reiße deswegen vieles nur an und stelle grundlegende allgemeine Überlegungen getrennt von Aussagen über psychische Vorgänge vor. Ich skizziere die Facetten der neuen Ich-, Du- und Wir-Beziehung, und wie die Steine eines Mosaiks ein Ganzes bilden, so zeigen diese Skizzen insgesamt die Grundrichtung einer neuen Kultur an.

Ich kann mir heute nicht mehr vorstellen, ohne das *Ich liebe mich* zu leben. Das Buch macht deutlich, daß ich Position bezogen habe und ich bekenne mich dazu. Meine tiefe Überzeugung, meine Begeisterung und auch meine Parteilichkeit verberge ich nicht. Ich teile nicht »objektiv richtige« Dinge mit, sondern *meine* Wahrheit. Wir sind es gewohnt, uns selbst zu verbergen und Sachaussagen, abstrakte Erkenntnisse und »Fakten« zwischen uns aufzutürmen, und es ist nicht verwunderlich, wenn wir einander in diesem Gewirr babylonischer Türme nicht mehr verstehen. Im personalen Umgang, im Bereich menschlicher Beziehungen (nicht, wenn man zum Beispiel aufgrund physikalischer Erkenntnisse ein Auto konstruiert) kommt es darauf an, sich selbst als Person in seiner subjektiven psychischen Realität wahrzunehmen und mitzuteilen. Und je korrekter und intensiver dies möglich ist, desto mehr kann Kommunikation gelingen. Die gelungene Kommunikation wiederum ist Voraussetzung für das Gewinnen des Friedens. (Weiterführend hierzu Ronald Laing über die Personologie in seinem Buch »Das geteilte Selbst«, Köln 1972).

Es könnte sein, daß mich manche nicht nur subjektiv, sondern auch belehrend und missionarisch empfinden. Solche Reaktion erfaßt jedoch nichts von mir, denn ich habe das »ich weiß besser als du, was für dich gut ist« ein für allemal hinter mir gelassen. So weit, daß ich problemlos so engagiert schreiben kann, wie es mir in den Sinn kommt. Argwohn, ich wäre doch pädagogisch, beunruhigt mich nicht, wenn er mir auch gelegentlich lästig ist. Ich weiß, daß ich nur für mich spreche, nie mit Verbindlichkeit für andere. So wie sich mir meine Wahrheit mitteilt, gilt dies für jeden anderen auch. Und auch dann, wenn jemand genau anders über mich denkt, als ich mich selbst verstehe, muß ich es ihm nicht ausreden: Ich kann es als *seine* Auffassung von mir stehen lassen. Wenn mich auf der anderen Seite Menschen als hilfreich, vorbildlich oder befreiend erleben, so kann ich ebenso problemlos dies als *ihre* Reaktionen akzeptieren und mich darüber freuen.

Ich schreibe also ohne das Gefühl, andere für die neue Beziehung verpflichten zu wollen. Allerdings: So zu leben geht tatsächlich, und viele Menschen haben auf diese neue Art zu leben begonnen, so wie ich auch. Mein Anliegen ist, dies mitzuteilen und die Voraussetzungen für diese Lebensführung zu zeigen.

Im ersten Teil des Buches »Psychodynamische Befreiung« teile ich mein psychodynamisch-therapeutisches Wissen über die neue Beziehung mit. Jeweils spezifische Aussagen der einzelnen Abschnitte habe ich durch poetische Protokolle von Erwachsenengruppen aus der Zeit meiner Forschung (1977) ergänzt.

Im zweiten Teil »Die neue Praxis« stelle ich persönliche, authentische Erfahrungsberichte von Menschen vor, die seit einiger Zeit in der neuen Art leben.

Der dritte Teil »Grundlagen« gibt in theoretischer Form Auskunft über Hintergrund und politisches Selbstverständnis der neuen Beziehung.

Im Abschnitt »Hilfen« am Schluß des Buches stelle ich einige Literatur über Antipädagogik, Psychodynamik und den kulturellen

Aspekt vor sowie den *Freundschaft mit Kindern* – Förderkreis e.V. und sein Institut.

4. Alte Beziehung

In der Zeit der neolithischen Revolution – vor 10000 Jahren – bildete sich erstmals in der Geschichte Herrschaft von Menschen über Menschen aus. Unterdrückung kam auf, und die Männer begannen, Frauen und Kinder aus vielen Bereichen des Zusammenlebens zurückzudrängen. Das *Patriarchat* (Vaterherrschaft) wurde Realität der Menschen – bis heute.

Auch das Selbstverständnis der Menschen begann sich zu ändern. Das Auftreten von Herrschaft war gänzlich neu, verwirrend, ängstigend. Um die Welt wieder verstehen zu können und um nicht an sich selbst zu verzweifeln, mußte es den Menschen gelingen, zum äußeren Auftreten von Herrschaft ein entsprechendes Paßstück *in sich selbst* zu finden. Und es entstand denn auch in den Menschen eine neue Sicht von sich selbst:

Es wurde entdeckt, daß wir von uns glauben können, andere könnten an unserer Stelle Entscheidungen in unseren eigenen Belangen treffen. Das heißt, man begann es für möglich zu halten, daß wir nicht oder nicht immer der Souverän unserer Entscheidungen sind, sondern daß dies auch andere *für uns* tun könnten. »Ich entscheide für dich« war bis dahin unbekannt. Niemand konnte so etwas denken, sagen oder gar durchführen. Niemand besaß für einen solchen Gedanken die innere Vorstellung und psychische Fähigkeit. Niemand kam auf eine solche Idee, wie sie für uns, Generationen später, Selbstverständlichkeit und fester Bestandteil unseres Umgangs ist.

Aus der Idee des Souveränitätsverzichtes folgt ein weiteres, das »tu, was ich sage«. Es wurde ebenfalls damals entdeckt, daß wir von uns glauben können, andere könnten uns ihre Wünsche verbindlich machen, könnten uns befehlen, könnten über uns herrschen und wir seien dann unterlegen. Bislang war unumstößlich und nicht anders vorstellbar, daß jeder alle Macht über sich bei sich selbst hat, und daß niemand einen Teil oder die gesamte Macht über einen anderen beanspruchen oder ausgehändigt bekommen konnte. Der Sinn eines solchen Begehrens wäre von niemandem verstanden worden, und es kam auch niemand auf eine solche Idee.

Aber genau diese bislang unvorstellbaren psychischen Muster begannen sich vor 10 000 Jahren in den Menschen einzunisten. In ihrem subjektiven Selbstbild verankerte sich, daß jeder – prinzipiell – ein Herrschender oder ein Unterdrückter sein könne.

Andere zu unterdrücken funktioniert um so besser, je mehr die Menschen glauben, daß so etwas überhaupt möglich ist. Um dies zu erreichen, muß den Nachwachsenden von vornherein keine andere Möglichkeit gelassen werden, als *so* von den Menschen zu denken. »Du kannst *nicht* von Geburt an das spüren, was für dich das Beste ist. *Wir* entscheiden dies an deiner Stelle, und du hast zu tun, was wir sagen.« Eine solche Grundeinstellung wurde das alltägliche Klima, in dem die Menschen groß wurden. Sie lernten, ihren eigenen Entscheidungen zu mißtrauen und sich selbst unten und andere oben zu sehen – so entstand das pädagogische Denken. (Zur pädagogischen Sicht des Menschen auch S. 131 ff.)

Die *pädagogische* Sichtweise erkennt dem Menschen nicht die Fähigkeit zu, die eigenen Dinge selbst – gut – entscheiden zu können, und sie folgt damit konsequent dem patriarchalischen Oben-Unten-Denken. Einmal zur Grundüberzeugung der Menschen geworden, stabilisiert das pädagogische Denken wiederum das Herrschaftsdenken. Im Laufe der Generationen verbanden sich patriarchalische und pädagogische Sicht zu der *einzig denkbaren Auffassung* der Menschen von sich selbst und ihren Beziehungen zu den anderen.

Wir selbst, großgeworden in dieser Kultur, wissen um ihre Wirkungen nur allzugut Bescheid. Es gibt das schlechte Gewissen und das Schuldgefühl, »ich bin nicht o.k.«, »andere sind wertvoller als ich«, »ich bin nicht liebens-wert«. Es gibt wirtschaftliche Ausbeutung, politische Unterdrückung, Rassismus, Sexismus, Adultismus, Terrorismus, Gefängnisse, Irrenhäuser, Schulzwang. Es gibt Sieger und Besiegte, Armeen, Rüstungsindustrie, Overkill. Wir haben *gelernt*, daß die Welt so sein muß, weil die Menschen so seien. Doch geboren werden wir mit einem ganz anderen Wissen. Wir können den erlernten Unsinn und Irrsinn ablegen und heute neu beginnen.

5. Entdeckung

Am 6. und 9. August 1945 fielen die ersten Atombomben – und eine Generation später tauchen nach tausenden von Jahren wieder Ideen auf, wie die Beziehungen der Menschen untereinander *grundlegend* friedlich gestaltet werden können. Nachdem es seit ca. 200 Jahren Kritik am Patriarchat durch die Frauenbewegung gibt, beginnt nun der zweite, wichtige *psychische* Grundpfeiler unserer Kultur gestürzt zu werden: die pädagogische Geisteshaltung.

Die politische Seite dieses Engagements nennt sich »Children's Rights Movement – Kinderrechtsbewegung« und kommt aus den USA. Das Eintreten für die Rechte junger Menschen versteht sich in der Tradition der Befreiungsbewegungen – der Sklavenbefreiung, Frauenbewegung, Antirassismus, Entkolonialisierung. Erste Literatur zur Überwindung des pädagogischen Denkens und der Unterdrückung des Kindes gibt es seit ca. 1970 in den USA, und im Jahr 1975 erschien in Deutschland Ekkehard von Braunmühls grandioses Werk »Antipädagogik«.

Etwa um diese Zeit begann sich auch die Sehnsucht der Menschen nach ihrem Selbst einen Weg nach außen zu bahnen in der viele ergreifenden »Gruppenbewegung«. Zunächst wieder in den USA bekannten sich die Menschen in vielfältigen Formen der Gruppenerfahrung zum »ich bin o.k.«. Carl Rogers, der berühmte amerikanische Therapeut und Wegbereiter der Gruppenbewegung kam durch seine eigenen Gruppenerfahrungen zu immer deutlicheren Aussagen über die konstruktive Art des Menschen. Und sein 1970 erschienenes Buch »On Encounter Groups« dokumentiert, daß er seine therapeutischen Grundannahmen »Akzeptanz« (ich nehme dich an, wie du bist), »Kongruenz« (ich kann unverstellt ich selbst sein) und »Empathie« (ich versuche, in deine Gefühlswelt einzuschwingen) nicht zu einer Sache von Experten macht, sondern sie als eigentlich in jedem Menschen vorhanden erkennt.

1975 las ich die »Antipädagogik« von Ekkehard von Braunmühl und »Entwicklung der Persönlichkeit« von Carl Rogers. Erstmals in meinem Erwachsenenleben begegnete ich in diesen beiden Büchern dem Wissen meiner Kindheit wieder: Nur ich selbst kann wirklich spüren, was für mich gut ist – und ich kann mich ganz und gar o.k. fühlen, mich lieben. Hart konfrontiert mit der Speerspitze unserer patriarchalisch-pädagogischen Kultur, der Schule, in der ich tätig war und die mir jeden Tag aufs neue die bislang unüberbrückbare Kluft zwischen diesem Kindheitswissen und dem Erwachsenenwissen zeigte*, verdichtete sich in mir die Idee, daß die Kombination beider Positionen (Braunmühl und Rogers) die Grundhaltung für eine neue Kultur sein könnte: Die erziehungsfreie Einstellung verbunden mit der egoismusfreien Selbstliebe, antipädagogisches Selbstbewußtsein verbunden mit therapeutischer Potenz.

Ich verließ die Schule, um diesen von mir entdeckten Ansatz vor allem für den Umgang mit jungen Menschen empirisch zu erforschen (1976–78), promovierte hierüber (1980) und begann seit 1978, meine positiven und ermutigenden Erfahrungen mit dieser Art der Beziehungen anderen mitzuteilen**. Im hierzu gegründeten »Freundschaft mit Kindern – Förderkreis e. V.«, einem gemeinnützigen Verein der Erwachsenen-Selbsthilfe, arbeite ich bis heute publizistisch und therapeutisch für die Verbreitung der erziehungsfrei-therapeutischen Lebensart, die wir »Freundschaft mit Kindern« nennen.

Die Öffentlichkeitsarbeit für die neue Erwachsenen-Kind-Beziehung brachte mich immer wieder dazu, das, was ich vertrat und Eltern, Lehrern und Pädagogen anbot, vom Grunde her zu durchdenken. Es wurde immer deutlicher – insbesondere, nachdem wir etliche gruppendynamische Wochenenden durchgeführt hatten –, daß es nicht nur um eine neue Beziehung des Erwachsenen zu Kindern geht, sondern in erster Linie um eine neue Form der Beziehung des Erwachsenen – des groß gewordenen Kindes – zu

* H. v. Schoenebeck, Der Versuch, ein kinderfreundlicher Lehrer zu sein, Frankfurt 1980.
** H. v. Schoenebeck, Unterstützen statt erziehen. Die neue Eltern-Kind-Beziehung, München 1982.

sich selbst. Eine Veränderung des Selbstkonzepts wirkt sich immer auch auf die Beziehung zu anderen aus, seien es nun erwachsene oder junge Menschen. Die Erkenntnisse aus den ebenfalls im For-schungsprojekt durchgeführten Erwachsenengruppen wurden jetzt immer wichtiger*, und sie fanden ihre Entsprechung ja auch im Umgang mit »Kindern«: dem groß gewordenen Kind, das man selbst ist, dem groß gewordenen Kind, das der andere Erwachsene ist, und dem jetzt jungen Menschen. *»Freundschaft mit Kindern«* enthält einen dreifachen Sinn.

6. Neue Beziehung

Die Verbindung von antipädagogischer und rogers-therapeutischer Position legt eine neue Grundlage für die Selbstauffassung des erwachsenen Menschen, für unser Verständnis von uns selbst. Wir finden erneut Zugang zu dem Wissen, mit dem wir geboren werden: Selbst unsere Entscheidungen gut treffen zu können als Ausdruck unserer Selbstliebe. Was seit 10 000 Jahren in die groß werdenden Kinder brutal hineingeprügelt oder unterschwellig hineinmanövriert wurde und was sie in sich hineinfraßen: daß sie nämlich *nicht* von Grund auf o. k. seien, daß andere besser wüßten als sie, was für sie das Beste sei, daß Herrschen und Unterdrücktsein richtige Ideen seien, daß Unterliegen nur durch Besiegen aufgehoben werden könne, daß die Menschen ihrem Wesen nach gefährlich und ego-istisch seien, daß man sie mit Angstmachen und Strafen in Schach halten müsse – dies alles ist nur *eine* Sicht vom Menschen und seinen Beziehungen. Es läßt sich auch anderes denken und entsprechend anders leben.

In der neuen Beziehung wird darauf gesetzt, daß
– der Mensch ein vertrauenswürdiger Organismus ist,
– jeder mit unendlicher Selbstliebe geboren wird,
– jeder seine eingeborene Selbstliebe niemals aufgeben muß,

* H. v. Schoenebeck, botschaften des zuhörens. die kommunikation von person zu person, Mülheim 1982.

– jeder von Geburt an das eigene Beste selbst spüren kann,
– jeder sich seine Wirklichkeit selbst konstruiert,
– jeder alle Macht über sich bei sich selbst hat,
– der Mensch sozial vertrauenswürdig ist,
– die Selbstliebe die Voraussetzung für soziales Engagement ist,
– die soziale Energie der neuen Beziehung die Grundlage für konstruktives, friedliches und solidarisches Zusammenleben ist,
– der Weltfriede und die Zukunft der Menschheit durch diese Lebensart gewonnen werden können.

Wer diese Positionen richtig findet und sein Leben darauf aufbaut, beginnt sich nach und nach zu verändern. Drei Hauptrichtungen kennzeichnen seine Entwicklung:

1. lebt er in der wiedergefundenen Gewißheit, nur selbst die eigenen Dinge richtig spüren zu können. Niemand ist ihm näher als er sich selbst, niemand kann zu Recht sagen »ich weiß besser als du, was für dich gut ist«. Der erzieherische Anspruch »weil ich es besser weiß als du, mußt du dies oder das tun« wird nicht mehr akzeptiert. Dies ist die *antipädagogische Komponente*.

2. lebt er in innerer Übereinstimmung mit sich selbst, er mag sich und ist sein bester Freund. Das Akzeptieren und Mögen des Selbst, das O.K.-Gefühl nenne ich »Selbstliebe«. Dies ist die *therapeutische Komponente*.

3. lebt er in dem Bewußtsein, daß eine erziehungsfrei-therapeutische Lebensführung den Ausstieg aus der patriarchalisch-pädagogischen Kultur unserer Zeit bedeutet. Er weiß, daß die nun abgelegte Kulturform mit ihren 10 000 Jahren an der Existenz der Menschheit gemessen erst kurze Zeit besteht, und daß die Menschen davor jahrhunderttausendelang darum wußten, wie Frieden gelebt wird. Er sieht den kulturellen Neubeginn in der Tradition dieses uralten Menschenwissens und erkennt hierin die Chance für die Zukunft – für die eigene und die der Menschheit. Dies ist die *kulturelle Komponente*.

Die neue Ich-Beziehung ist aus diesen drei Elementen zusammengesetzt. Ihre Kombination hat vielfältigste Wirkungen – sie sind so gravierend, daß ich von einer »neuen« Beziehung spreche, wobei »neu« in Bezug zur gegenwärtigen 10 000 Jahre alten Kulturform gesehen wird. Diese Beziehungsform ist zugleich uralt, denn sie knüpft an die vorausgegangene Hunderttausende von Jahren alte Beziehungsform an. Auch für jeden Erwachsenen ist sie in Bezug auf sein individuelles Schicksal neu und uralt zugleich: Sie löst die bisherige von erzieherischen Strukturen geprägte Lebensführung ab und knüpft wieder an die energievolle Selbstliebe und das Gespür für die gelungene Kommunikation an, womit wir geboren werden.

Psychodynamische Befreiung

Wir haben viele positive Erinnerungen an unsere Kindheit. Diese guten Gefühle sind wichtige Stützen in unserem Erwachsenenleben. Aber es gilt zu bedenken, daß wir viel eher schöne Erlebnisse im Gedächtnis behalten als Demoralisierung, Mißachtung, Unterdrükkung, Angst, Kummer, Leid und Schmerz. Die schlimmen Erfahrungen verlassen unser Bewußtsein und ziehen sich in tiefere Bereiche unseres Ichs zurück. Doch sie verschwinden dadurch nicht.

Die psychischen Verletzungen bleiben wirksam, sie entwickeln ein Eigenleben und machen uns krank. Sie sind gefährliche Krankheitserreger, die sich als schleichende Seuche unseres Organismus bemächtigen und unsere Fähigkeit, mit uns selbst und den anderen in Frieden zu leben, mehr und mehr zersetzen. Es ist ein grausames Merkmal dieser Krankheit, daß wir sie nicht bemerken, ja, daß wir unseren irrsinnigen Umgang mit uns selbst und den anderen für das Normale halten. Für so normal, daß wir uns jetzt alle mehrfach vernichten können.

Heute nun haben wir die Chance, *aus einer neuartigen Perspektive* noch einmal das anzusehen, was mit uns geschah, als wir Kinder waren. Mit der neuen Ich-Beziehung gewinnen wir die Souveränität zurück, uns endlich um uns selbst zu kümmern, um das gedemütigte, existentiell bedrohte und in Irrsinn geflohene Kind von damals.

Wir erkennen – zunächst intellektuell – Menschenrechtsverletzungen und erzieherische Unterdrückung und Entmündigung, die von den sicher gutmeinenden Erwachsenen unserer Kindheit ausgingen. Und für jeden, der einmal angefangen hat, sich um sein Kindheits- und Erziehungsschicksal zu kümmern, beginnt dann ein Prozeß psychodynamischer Befreiung. Unterstützt von Schicksalsgefährten aus schlimmer Zeit – den anderen wie wir groß gewordenen Kindern – können wir uns zu den freien und selbstbestimmten Menschen entwickeln, die wir von Geburt an in Wahrheit sind.

Wir entdecken wieder, daß Energie und Liebe in uns leben und daß wir viel mehr gesellschaftliche Macht haben, als uns weisgemacht wurde. Im Verbund mit den positiven Erinnerungen und dem Wissen aus der Zeit des Lebensbeginns können wir heute befreit von der Last des Ichhasses die in uns lebende Friedensenergie zu unser und aller Nutzen entfalten.

I

1. Schatzkisten

Jeder von uns trägt viele Schätze in sich. Unsere Kreativität, unsere Lernfähigkeit, unser soziales Engagement, unsere Fähigkeit, nah und hilfreich zu sein, unsere Gestaltungskraft usw. Unsere Kultur läßt die Katastrophe über uns hereinbrechen, daß wir unsere Schätze als junge Menschen nicht so leben dürfen, wie es uns zukommt. Eine schier unendliche Angst der Erwachsenen dämmt uns ein, deckt uns zu, verstümmelt uns und läßt uns schließlich selbst annehmen, daß wir leer und dumm seien, daß in uns gefüllt werden müsse, was die anderen Großen dort sehen möchten.

Wenn wir uns im Laufe unseres Lebens als junge Menschen auch mehr oder weniger damit abfinden, daß wir »in Wirklichkeit« nicht unsere Schätze leben können, daß wir nicht auf dem Marktplatz inmitten unserer Schatzkisten stehen und den anderen davon zeigen und sie daran teilhaben lassen dürfen, wenn wir »in Wirklichkeit« im Zusammensein mit anderen grau und schatzlos, ordentlich und normgerecht sein müssen, so gibt es dennoch ein tief in uns glühendes Wissen darum, wie wir sein *könnten*. Der Kontakt zu unseren Schätzen reißt nie ab, und in seltenen Ausnahmesituationen fühlen wir uns uns selbst ganz nah: Wenn wir in den Armen unseres Partners glücklich lieben, wenn wir die Ruhe unseres schlafenden Kindes aufnehmen, wenn wir in der dichten und geheimnisvollen Sommernacht mit der aufblitzenden Sternschnuppe in den Kosmos fliegen. Selten, so selten geschieht dies, doch die Sehnsucht nach uns selbst ist da und sie lebt in uns.

Die Menschen der neuen Beziehung wissen sehr wohl um ihre Schätze, und sie wissen auch darum, daß sie ihre Schätze als Kinder verstecken, tief vergraben oder weit hinter den sieben Bergen in dunkle Urwälder bergen mußten. Wir taten dies, um einerseits in der von den Großen propagierten und mit Unterdrückung durchgesetzten Welt weiter leben zu können, um nicht mißhandelt, für einen bunten Hund, für anormal gehalten zu werden – um nicht die Liebe dieser Menschen zu verlieren. Und andererseits starteten wir dieses Bergemanöver, um *dennoch* uns selbst nicht ganz preiszugeben, um *dennoch* der Wahrheit, mit der wir geboren wurden – nämlich Abgesandte des Lebens zu sein –, treu bleiben zu können. Und dieses Einerseits – Andererseits legte sich als schlimme und schließlich nicht mehr wahrgenommene Krankheit über uns.

Wir können heute den Mut und die Kraft und die Energie finden, unsere Schatzkisten zurückzubringen in die Öffentlichkeit. Wir erleben in uns die Tendenz, all das, was wir in uns tragen, anderen zu offenbaren und alle daran teilhaben zu lassen. Wir müssen nichts mehr verbergen und wir entdecken die wiedergefundene Realität, die wir sind, befreiende und friedenstiftende Kraft für alle. Dies geht langsam, aber wir sind auf dem Weg und werden uns nie mehr verstecken müssen.

*

es gibt orte
die uns urvertraut sind
orte in uns
aber wir zeigen sie
niemandem
und gestatten uns nur
heimlich
dort zu verweilen*

* Diese und die folgenden poetischen Mitteilungen sind entnommen aus: H. v. Schoenebeck, botschaften des zuhörens. die kommunikation von person zu person, Mülheim 1982.

Immer wieder nahmen sich die erwachsenen Menschen unserer Kindheit unendlich viel heraus. Sie bauten sich vor uns auf und machten uns an. Sie wüteten gegen uns, sie schlugen uns mit »das gehört sich nicht«, »das tut man nicht«, »was hast du wieder angestellt«, »wenn ich dich schon sehe«. Sie waren oft genug in schrecklicher Weise unverschämt. Sie bannten uns mit ihren emotionalen Schwingungen und Demoralisierungen, sie verhexten uns, sie lähmten uns und ließen uns glauben, wie niedrig, unfähig und böse wir doch seien. Und wie dankbar wir dafür zu sein hätten, daß sie uns noch eine Chance gäben.

Heute können wir uns diese Situationen erneut vorstellen und ihnen mit unserer heutigen Kraft begegnen. Wenn ich zum Beispiel noch einmal sehe, wie sich Herr H. vor unserer Klasse aufbaute, uns anschrie und tobte, und daß ich jederzeit irgend etwas Furchtbares hereinbrechen erwartete, gelähmt war, hilflos und mich elend fühlte – so überlege ich heute, daß ich in intensivem Kontakt zu mir, meiner Würde und Menschenhaftigkeit aus der Bank getreten wäre, mich in den Gang gestellt hätte und mich *aufgerichtet* hätte. Ich hätte mich ihm zugewandt und mit ruhigem Stolz seinen Blick gefunden: *Ich bin schön. Ich mag mich. Ich bin ein Mensch. Was kümmert dich?* Ich hätte meine Souveränität ausgesandt, und nichts, aber auch gar nichts hätte ich von der Wut, dem Ärger, dem Streß und der Ohnmacht dieses erwachsenen Menschen auf mein Konto gebucht. *Dies sind seine Dinge.* Und in der Gewißheit darum, daß *nur er* seine Dinge leben kann, hätte ich vielleicht auch die Energie gefunden, ihm meine Nähe anzubieten. Und die Idee, klein, hilflos und gebannt, mit hängendem Kopf in der Reihe zu stehen und diesem wütenden Menschen ausgeliefert zu sein, wäre absurd.

Die unverschämteste Zumutung, die uns wohl widerfuhr, war das Gehabe der Erwachsenenwelt gegenüber unserer Sexualität. Nichts durfte davon sein, nichts durften wir damit tun. Sünde, scheußlich, gefährlich, verdorben. Wir gaben auf, irgendwann in der Zeit der sexuellen Reife, und die Angst, ausgesperrt oder eingesperrt zu werden, saß endgültig fest. Wir können heute erkennen, daß wir selbstverständlich das Recht* haben, auch unsere Sexualität öffentlich zu leben. Wer will sich denn eigentlich noch vor uns aufbauen und uns zu Recht dies untersagen? Wir können heute allen unverschämten Zumutungen gelassen gegenübertreten. Und wir können noch mehr: uns um die hilflosen Unverschämten kümmern.

*

sie alle sehnen sich
nach etwas
das unerreichbar scheint
nach sich selbst

sie sind verschüttet
schwer zu finden
und das gefühl
nie anzukommen
macht ihr lachen
verstummen

laßt uns gehen

3. Geächtetwerden

Ich versuche in diesem Abschnitt der Lähmung nachzuspüren, die mich als Kind erstarren ließ und die mich mich selbst vergessen machte.
Mich unmöglich zu machen – dies war eine furchtbare Angst. Und sie hindert mich auch heute noch an vielem, was ich gern täte, aber eben nicht tun kann. (Dies versetzt mich aber heute nicht mehr in Zugzwang, doch dagegen etwas tun zu müssen; andererseits wiederum freue ich mich natürlich, wenn ich auf einmal wieder etwas kann, was ich bislang nicht tun konnte, »weil ich mich doch dann unmöglich mache«). Ich weiß nicht, was alles passiert, wenn ich

* Es geht hier wie auch sonst bei der Verwendung des Begriffes »Recht« um eine existentielle Aussage. Zur juristischen Problematik s. S. 153 f.

mich unmöglich mache – jedenfalls Schreckliches. Ich fühle eine anonyme dunkle Wand, die mich verschlingen würde.

Mich unmöglich machen: früher, als Kind, gab es zwei Schrecken, die auf den warteten, der sich unmöglich benahm. Dies waren der »Peterwagen« (unser Kindername für ein großes Polizeiauto) und das Irrenhaus. »Die kommen und schnappen dich. Und dann landest du im Irrenhaus«. Und dann war es aus.

Die Angst vor Verfolgung – daß ich weglaufe, »sie« hinter mir her sind und mich einfangen, in ihr Auto sperren und ab gehts – wird begleitet von dem Bild, daß bei der Festnahme eine große Menschenmenge um mich, die Fänger und das Auto stehen. Und sie weichen zurück vor mir, dieser Schande, und sie schleudern mir lähmende und wahnsinnig machende Energien zu. Wenn dies beginnt und andauert, geschieht mir, daß ich nicht mehr weiß, wer ich bin, daß ich abgleite ins unendliche Dunkel. Es ist dies die Angst vor dem Geächtetwerden und Gesteinigtwerden, die auf den wartet, der sich anerkannten Regeln und Normen widersetzt, der sich unmöglich macht.

Ich glaube, daß jeder von uns die Angst vor dem Geächtetwerden immer wieder durchlebt hat. Durften wir zu Beginn unseres Lebens so atmen, wie *wir* wollten? Durften wir das essen, was *wir* wollten? Durften wir das spielen, was *wir* wollten? Durften wir das lernen, was *wir* wollten? Durften wir so sexuell sein, wie *wir* wollten?

*

und ich achte deswegen so
auf die augen der anderen
um nicht der zu sein
der schmerz bewirkt

ich muß jemand sein
der wohlgefallen hervorruft
und ihre augen
ihr gesicht
sagen mir deutlich genug
wie das gelingt

und wenn es mißlingt?
angst entsteht in mir
auf diese frage
angst
die mich lähmt
grau macht
und wohlgefällig

4. Verfolgung

Ein Seminarteilnehmer berichtete von sich, daß er Gewalt verab-
scheue und niemals jemanden zusammenschlagen würde. Nach
verschiedenem Hin und Her in der Gruppe ließ er sich dann darauf
ein, sich vorzustellen, was passieren würde, wenn er dort hinten im
Park einen anderen zusammengeschlagen hätte. *Was würde mit mir
geschehen?* Er sagt:
Die ersten Spaziergänger kommen angerannt, mit lauten Stimmen.
Ihre Empörung, ihr Unverständnis, ihre Aufgeregtheit, ihr Abscheu
donnern über mich herein. Ich knie auf dem Boden und halte die
Hände vor den Augen. Dann sind sie da. Sie reißen mich herum,
schreien auf mich ein. Ich falle zu Boden. Dann höre ich die
Polizeisirene – erst leise, aber ich weiß, daß sie mir gilt. Ich
bekomme Angst, es macht mich irre. Ich berge mein Gesicht ganz
dicht an der Erde.
Es gibt Dinge, die wir uns *niemals* zu tun getrauen. Weil alle Welt
dann über uns herfiele und es aus mit uns wäre. Und wir haben gut
gelernt, daß dies viele Dinge sind. Daß wir gefährlich sind. Wölfe,
die ohne ihre Ketten die anderen anfallen. Und sollten wir je auf die
Idee kommen, derartiges zu tun, . . .
Die neue Beziehung ist nun voll des Wissens und der Sicherheit, daß
jeder zu jeder Zeit sein Bestes tut. Und diese Position steht in
radikalem Gegensatz zu der alten Auffassung, daß wir gefährliche
Wesen seien. Wenn in uns Gewalt ist und Aggressivität, dann ist
dies der situative Ausdruck des Sinns, der in uns lebt. Und wenn wir
gewalttätig sind, ist dies immer noch unser Sinn. Und *niemand auf*

der Welt hat das Recht, uns dann einen Vorwurf zu machen, uns Sinn abzusprechen, uns unserer Würde zu berauben. Und in Wahrheit kann dies auch niemand, selbst wenn er es noch so wollte – denn alle Macht über uns haben wir stets bei uns, 100 Prozent.

Die neue Beziehung sagt uns, daß wir auch dann, wenn wir »Unmögliches« tun, Menschen mit Sinn und Würde sind. Sie sagt, daß wir uns selbst dann noch mögen können, wenn wir »Schreckliches« angerichtet haben und uns selbst nicht mehr verstehen. Und sie weiß außerdem um die widersprüchlich anmutende Erscheinung, daß die merkwürdigen und »gefährlichen« Dinge in uns abnehmen – wenn wir sie nur akzeptieren! Weil wir sie nicht mehr in uns bekämpfen, sondern statt dessen dem Sinn in uns vertrauen (selbst wenn wir ihn nicht exakt verstehen sollten) und uns unserem Organismus als etwas Vertrauenswürdigem überlassen. Wenn wir positive Energie – unser Vertrauen in uns selbst – wirken lassen, läßt sie unsere erlernten schädlichen Verhaltensweisen mehr und mehr verschwinden.

*

alles
was immer es ist
ohne angst
strömen und ruhen
lassen zu können

mich
dem anvertrauen
und hingeben
was in mir lebt
mit staunen und freude

meine wege
gehen können
in frieden
mit all dem in mir

raum haben
und geben
dem unverständlichen
und undurchsichtigen dunkel

und
ohne daß ich es weiß
was all dies bedeutet
es leben
und geschehen lassen

darauf setzen
daß der sinn
der ich bin
es mir zu dem werden läßt
der ich immer schon bin
und sein werde

5. Irrealität

Unsere Fähigkeit, uns selbst zu lieben – und dich und die Welt ringsum – ist von Geburt an ignoriert worden. Die Erwachsenen, die um uns waren, wußten es nicht besser. Es entsprach ihrer Wahrnehmung von sich und den anderen, daß es Selbstliebe und Nächstenliebe nicht von sich aus geben könne. Wenn wir aber unter Menschen sind, deren Liebe wir brauchen, dann läßt es sich nicht aushalten, wenn sie uns dauernd anders definieren, als wir uns selbst verstehen. Irgendwann hört ein jeder auf, sich gegen die Bilder zur Wehr zu setzen, die sich die anderen von uns machen.

Wir haben eines Tages die Sicht der Erwachsenen übernommen, um nicht von der Unvereinbarkeit ihrer Definition von uns und unserem tiefen Wissen zerrissen zu werden. Wir begannen eines Tages, uns selbst zu verlassen, vielleicht nach einem letzten Kampf, dem so unendlich viele Kämpfe um das »ich bin doch aber *so*« vorausgingen. Und wahrscheinlich waren wir sogar erleichtert, daß das Kämpfen nun ein Ende hatte. Und durchaus möglich ist, daß wir noch überzeugtere Verfechter der irrealen Definition des Menschen wurden als die, die uns damals vor die Wahl stellten, ihrem Irrsinn zu folgen oder zu sterben. Wir entschieden uns für das Leben und den Irrsinn.

Das Verfehlen meiner Realität, das Leben nach den Realitätsstrukturen anderer, die ich in mir einpflanze um zu überleben, die ich zu einem Teil von mir mache – ist Ausdruck von Irrsinn. Wenn wir nicht mehr uns selbst als Zentrum allen Geschehens vertrauen, wenn wir in uns die Normen anderer verbindlich gemacht haben, dann leben wir abgetrennt von uns selbst. Wir sind zu Monstern geworden, Menschen mit merkwürdigen Auswüchsen, die die Normen der anderen sind. Dennoch aber sind wir es, um die es sich da handelt: Wir haben uns entschieden, ein Monsterdasein zu führen, wie dies ja anscheinend den Menschen zukommt. Nur, daß dies Irrsinn ist. Aber auch zu dieser Entscheidung haben wir alle Macht und Möglichkeit. Niemand kann uns wirklich daran hindern, irrsinnig zu leben.

Es funktioniert gut und fällt nicht auf. Denn alle leben so – fast alle. Wenn wir unserer Realität wieder auf der Spur sind, können wir Verbündete finden. Dies sind vor allem die, die sich noch zur Wehr setzen, die noch um sich, ihre eigene Sicht von sich selbst kämpfen: junge Menschen. Und je jünger sie sind, desto intensiver ist noch ihre Gewißheit, daß nur sie selbst sich definieren können und daß die Definitionen der anderen unrealistisch sind. Wer wir wirklich sind – dies erschließt sich uns wieder, wenn wir anfangen, uns selbst zu lieben. Und in demselben Maß, wie wir uns lieben, fallen die Schlagbäume, hinter denen wir uns selbst ins Land der Irrealität in Verbannung geschickt haben.

*

dieses dunkel
dieses fremde in mir

diese anderen mit ihren
furchtbaren
entsetzlichen
wütenden fingern

sie machen mich
zu ihrem monster
hilfe

*

wenn meine identität
dauernd
von ihrem unverständnis
getroffen wird
dann befällt mich
wahnsinn oder verzweiflung

6. *Auswandern*

Wer die neue Beziehung zu leben beginnt, der wandert aus der alten
Kultur aus. Es ist wohl mit nichts anderem zu vergleichen als mit
diesem Bild des endgültigen Verlassens alter und langgewohnter
Lande. So wie die Mayflower die Britischen Inseln verließ – so
verlassen wir das Land der patriarchalisch-pädagogischen Zeitgenossen. Wir beginnen Neues. Die Menschen haben immer wieder in
der Geschichte ihre sieben Sachen gepackt und brachen auf. Auswandern ist für die Auswanderer nichts Schreckhaftes, doch für die
Zurückgebliebenen mag sich dies anders darstellen.
Immer wieder und lange Zeit noch spüren wir aber, wie die Argumente der Zurückgebliebenen uns zu schaffen machen. »Du läßt
etwas im Stich, und du läßt mich im Stich«. Oft wird uns auch
deutlich zu verstehen gegeben, daß wir eigentlich Ungehöriges tun.
Und da wir ja nicht tatsächlich räumlich fortgehen, sondern kulturell, sind wir jederzeit für die anderen ansprechbar.
Der Mut, wirklich kulturell auszuwandern, läßt sich in einem Kreis
Gleichgesinnter gewinnen. In einer Selbsthilfegruppe können sich
die Teilnehmer gegenseitig stützen, die neue Beziehung immer
wieder zu entdecken, wenn sie im gewohnten Alltagstrott unterzuge-
hen droht. Der Schwung und die Ermutigung aus solchen Treffen

halten eine Weile an, und wenn es bis zum nächsten Abend nicht zu lange dauert, wenn die Kontakte auch zwischendurch bestehen, indem man miteinander telefoniert oder sich besucht, müßte es eigentlich gut gehen.

Wenn wir genug Mut haben, die neue Beziehung tatsächlich zu leben, hat dies auch für die anderen eine ermutigende Wirkung. Selbst wenn sie uns mit Ängsten und Widerständen unter Beschuß nehmen, so ist es doch meine Erfahrung, daß jedes mutige Zu-sich-selbst-Stehen auf andere befreiend wirkt. Es ist nur so, daß eben einer damit anfangen muß. So, wie wir als Kinder unschlüssig vor dem verbotenen Scheunentor herumstanden – bis einer von uns eben der Mutigste war, sich über das Verbot hinwegsetzte, »Kopf und Kragen« riskierte (demoralisierende Anmache bis hin zu Prügel), und wir dann ruck-zuck hinter ihm her in dieses fantastische Spielparadies verschwanden.

Der Mut zum Auswandern – zur Selbstliebe und allem, was daraus folgt – läßt sich bei den anderen finden, die schon dort sind. Und er läßt sich weitergeben. Er ist eine gemeinsame Sache von uns allen.

*

eingekreist
geradeaus gehen
den kreis durchbrechen
dorthin gehen
wo jenseits des randes
schwarze unbekannte tiefe ist

der marsch durch den kreis
ist furchtbar
die angst der anderen
ist wie das brüllen wilder tiere
und beinah nicht aushaltbar

angesichts der schwärze aber
kommt kraft zurück
und im tau des morgens
trete ich hinaus

II

1. Selbstliebe

Sich selbst mögen. Sich selbst akzeptieren. Sich o.k. finden. Sich über sich freuen. Sich schön finden. Bei sich sein. Sich als Grund aller Dinge vertrauen. Auf sich selbst setzen. Sein bester Freund sein. Zu sich stehen. Wenn man etwas an sich nicht mag, dennoch wissen, daß man darunter o.k. ist. Das Gefühl für den eigenen Wert nicht verlieren. Sich als Mittelpunkt des Universums erleben. Sich selbst, die anderen und die Welt mit Freude genießen. Den anderen und die Welt als Teil von sich erleben. Den anderen und die Welt lieben wie sich selbst. Und auch den Tod gelassen kommen sehen können.

Wir werden mit der Fähigkeit geboren, uns zu lieben. Wir sind eins mit uns, nichts und niemand ist zwischen uns und unserem Gefühl für uns. Allerdings: schon beim ersten Atmen greift die Herrschaftskultur nach uns, und nicht wir durften unser Atmen erkunden, sondern mit dem Durchschneiden der Nabelschnur wurde uns in den Sekunden unserer Geburt *verordnet,* was wir zu tun hatten. Erst Leboyer gab den Menschen ihre Kompetenz in der Stunde der Geburt zurück, indem er dem Neugeborenen die Nabelschnur nicht sogleich zerschnitt, sondern es ihm überließ, den notwendigen Sauerstoff wahlweise aus der noch mächtig pulsierenden Schnur oder schon Stück für Stück aus der Luft zu nehmen.* Es ist nicht verwunderlich, daß die Leboyer-Geburt auch heute, zehn Jahre nach Leboyers Pionierleistung, nicht Selbstverständlichkeit ist. Selbstverständlich ist, daß die Erwachsenenwelt das Atmen des Neugeborenen in ihre Regie nimmt, weil sie in pädagogischer Geisteshaltung der Fähigkeit des menschlichen Organismus mißtraut, seine eigenen Dinge *von Geburt an* gut regeln zu können. Daß kein Neugeborenes erstickt, wenn man ihm das Erkunden des Atmens aus der Luft selbst überläßt, ist zwar Realität, aber unsere Kultur nimmt dies nicht zur Kenntnis.

* Frédérick Leboyer, Geburt ohne Gewalt, München 1981.

So, wie uns die Fähigkeit abgesprochen wird, das eigene Atmen selbst gut zu regeln, wird uns auch alles andere aus der Hand genommen. Es ist geradezu unfaßbar, wie lange junge Menschen ihren Glauben an sich selbst bewahren. Wie sie zwar tagtäglich das »du bist so, wie du bist, noch nicht o.k.« um die Ohren geschlagen und in die Herzen gebrannt bekommen, wie lange sie aber dennoch Widerstand leisten und der Wahrheit vertrauen, die aus ihnen selbst kommt. Jeder pädagogische Akt, der auf der Idee des »ich weiß besser als du, was für dich gut ist« gründet, zersetzt unsere Ichliebe. Und erst dann, wenn wir auf die Liebe der Erwachsenen nicht mehr angewiesen sind, können wir in einem mühsamen Wiedergewinnungsverfahren uns selbst zurückerobern. Jeder erwachsen gewordene Mensch kann sich heute die Selbstliebe zurückgeben – es tut niemand sonst für uns.

*

ich liebe mich
die welt
das leben
ich bin leben

*

ich bin
und lebe

ich mag mich
und dich
und die welt

2. Egoismus

Wenn wir gehindert werden, mit uns im Einklang zu sein, uns zu lieben, werden wir krank. Und wir leiden schrecklichen Mangel, wenn wir nicht unsere Schönheit, Würde, Kraft, Liebe und Nächstenliebe leben. Doch da wir im Grunde gar nicht aufhören können, an uns zu glauben und uns zu lieben – und täten wir es, so stürben wir –, greifen wir nach jedem Strohhalm, der sich bietet, um wenigstens ein bißchen uns zu erleben. Wie ein Tier, dem lange Zeit Wasser vorenthalten wurde, stürzen wir uns auf jede Gelegenheit, um etwas für uns rauszuholen. Daß dies dann ohne Ruhe und Gelassenheit und ohne die Selbstverständlichkeit geschieht, den anderen als Teil von uns zu erleben, ist nur zu klar: wie besessen schlagen wir um uns, um einen Vorteil zu erlangen.

Dieses krankhafte Umsichschlagen für den eigenen Vorteil ist Egoismus. Die patriarchalisch-pädagogische Herrschaftskultur kennt vor allem *diese* Form des Sorgens für sich selbst. Sie brandmarkt es und lastet es dem einzelnen an, statt zu erkennen, daß sie selbst es hervorruft. Und sie macht dem Egoisten viele schlechte Gefühle, fängt ihn im Netz der Schuldgefühle. Und statt wiederum sich selbst als Anstifter dieses unwürdigen Spiels zu erkennen, bietet sie – Erlösung von diesem Übel an. Eine Erlösung, die die Unterwerfung unter ihre Ideologie bedeutet: Wenn ich einsehe, wie egoistisch ich bin, daß dies meine Verfehlung und Schuld ist, dann kann mir vergeben werden und ich bin wieder akzeptabel. Die Wahrheit aber wird ignoriert: Daß Egoismus der verzweifelte Aufschrei der unterdrückten Selbstliebe ist und daß diese Krankheit aus der Herrschaftskultur und ihrem pädagogischen Geist kommt.

Die torpedierte Selbstliebe tritt uns also als Krankheit entgegen, als Egoismus. Wer jedoch von einem mißtrauenden Menschenbild ausgeht, dem bestätigt das Phänomen Egoismus seine Überzeugung, daß der Mensch ein schlimmes Wesen sei – wie uns dies jahrhundertelang vorgemacht wurde. Wer in diesem alten Denken drinsteckt, hat es schwer, Zugang zu den Aussagen der neuen Beziehung zu finden, und er wird leicht die egoismusfreie Selbstliebe für einen Trick halten, um noch rücksichtsloser auf Kosten der anderen zu leben. Die Fähigkeit, sich des anderen anzunehmen, ist jedoch nicht durch einen Verzicht auf sich selbst gekennzeichnet, sondern direkt abhängig von innerer Ruhe und Zufriedenheit, von Übereinstimmung mit sich, von der Selbstliebe. »Liebe deinen Nächsten wie dich selbst« – dies geht nur, wenn das »wie dich selbst« wirklich gelebt werden kann.

Daß die Menschen *nur* noch sich selbst sehen, wenn sie sich zu lieben beginnen, würde außerdem voraussetzen, daß es solche von den anderen und der Welt »abtrennungsfähige« Menschen überhaupt gibt. Niemand lebt jedoch auf einer einsamen Insel, die anderen sind immer mit dabei. Die Frage ist, wie das Verhältnis zu den anderen ist. Menschen voller Selbstliebe, oder auch solche, die ihre Fähigkeit, sich zu lieben, wiederentdecken, mögen alles von sich – auch die Teile, die die anderen sind. Wer sich selbst liebt, kann gar nicht anders, als auch andere lieben, isolierte Selbstliebe ohne Einbeziehung der anderen (die ja Teil jedes Menschen sind), ist ein Unding, geht nicht.

Genau dieses Unding hält jedoch unsere bestehende Kultur für das Reale. Die Aufspaltung der Menschen in ihr Ich und den »Rest der Welt« ist notwendig, um sie von ihrer Solidarität zu entfremden, wenn man sie beherrschen will. Über solche aufgespaltenen Menschen läßt sich dann so nachdenken, daß sie *nur* etwas für sich herausholen wollen, wenn sie an sich denken. Und die Krankheit Egoismus scheint dies auch eindrucksvoll zu bestätigen, denn dort holen die Menschen ja ausschließlich für sich etwas heraus. Übersehen wird dabei, daß Egoismus etwas Krankes ist, das eine gesunde Eigenschaft – die den anderen einbeziehende Selbstliebe – zur Karikatur verzerrt. Auf den zur Karikatur verzerrten Menschen als das Normale zu setzen, ist aber wiederum genau das, was die patriarchalisch-pädagogische Kultur tut, und wer sich in ihrer Ideologie zu Hause fühlt, kann dann nur sehr schwer Zugang zur konstruktiven Realität der Menschen finden, seine eigene eingeschlossen.

*

die zweifel am wert des ich
sind eine furchtbare krankheit

ich sehe ihn
immer und unbedingt

Uns wurde beigebracht, daß *andere* für uns zuständig seien, daß *andere* sich um uns zu kümmern hätten. Diese Sicht ist gut geeignet, uns zu irritieren und zu entfremden. Dauernd warten wir darauf, daß der andere auch kommt und mit uns seine Dinge tut, von denen wir hoffen, daß sie gut für uns sind. Das Gefühl, uns unserer selbst anzunehmen, haben wir damals verloren.

Das Leid, das wir als junge Menschen erfuhren, läßt sich heute nicht irgendwie ungeschehen machen. Aber *wir selbst* können mit unserer heutigen Kraft in innerer, intensiver Konzentration das Kind, das wir waren, in den Arm nehmen. Wir können mit ihm – mit uns – all die Stationen unseres Leids noch einmal durchgehen. Wir selbst können die sein, die uns halten, die, auf die wir damals so lange vergeblich gewartet haben. Wer sollte es denn sonst für uns tun? Es ist sicher nicht übertrieben zu sagen, daß wir dann, wenn wir uns selbst umarmen, große Glücksgefühle erleben. »Endlich, endlich versteht mich jemand«, »endlich hat mich jemand bedingungslos lieb«, »endlich kann ich bei jemandem weinen«. Und es ist sicher auch möglich, daß wir dann viel Tränen und viel alten Schmerz wieder spüren, und auch unendliche Traurigkeit über das erlittene Unrecht. Doch solche Selbstbegegnung verwirrt nicht, sie befreit. Sie gibt uns zurück, was wir heimlich verborgen hielten: den Schmerz und die Tränen unserer Kindheit. Sie gehören als Teil zu uns, und wir können sie heute, mit der Kraft unseres Erwachsenenseins, noch einmal gesehen und umarmt wirklich ruhen lassen. Sie zerren nicht mehr an uns, sie mahnen uns nicht mehr: Es ist endlich jemand gekommen, der sich unserer angenommen hat, der uns angenommen hat, der Zeit hat für unsere Tränen und unseren Schmerz. *Und dieser Jemand sind wir selbst.*

Ich meine nicht, daß der Schmerz und die schlimmen Gefühle von damals deswegen jetzt als Freude erlebt werden. Sie bleiben schlimm. Aber sie haben nicht mehr die Dramatik, in der wir damals allein gelassene Kinder sie erlebten, nicht mehr diese Verzweiflung, Aufregung und Anspannung. Sie werden zu schlimmen Bildern und Erfahrungen, die *waren*, und deren Existenz wir nun gut und

gelassen, beweint und befreit, in uns zur Ruhe kommen lassen
können.

*

wenn die gegenwart
in der gegenwart
nicht erreicht werden kann
weil die gitter alten geschehens
sich nicht öffnen lassen

das kreisen und sinnen
wie das gitter
hätte verhindert werden können
das immer wieder sehen
wie es herabfiel
das ist einfach und leicht
unendlich oft zu tun
aber es führt nicht heraus

wo der weg aber langgeht
wenn die gitter gefallen sind
wenn sie dort stehen bleiben können
wo sie stehen
inmitten der ebene
weithin sichtbar
aufragend und unerschütterbar
wenn ich sie die gitter und normen
sein lassen kann
die sie sind

dann habe ich mich aufgemacht
etwas neues zu suchen
nach neuem ausschau zu halten

4. Macht

Niemand hat in Wahrheit Macht über mich. Es ist vielmehr richtig, daß ich andere über mich herrschen ließ: *Ich* ließ dies zu. Ohne meine Zustimmung, unterdrückt zu werden, kann mich niemand unterdrücken. Ich kann allemal wählen zwischen den Übeln einerseits, die der andere in Aussicht stellt, wenn ich nicht tue, was er will, und dem Befolgen seiner Anordnungen andererseits. Ich kann jederzeit verweigern, mich seinem Willen zu unterwerfen und mein Lebensrisiko ins Spiel bringen.

Als Kinder waren wir überlebenstüchtig genug, den Übeln der Erwachsenenwelt auszuweichen und uns zu unterwerfen. Ihre Übel hätten uns damals vernichtet: keine Liebe, kein Brot. Wir gaben Verfügungsgewalt über uns ab, um zu überleben. Und dies war zu dieser Zeit sinnvoll.

Heute, in der neuen Beziehung zu uns selbst, können wir erst einmal wieder erkennen, daß wir selbst es in Wahrheit waren, die das O.K. zu dem ganzen Unterwerfungsspiel gaben. Wir kommen mit aller Verantwortung und aller Fähigkeit, für uns das eigene Beste zu entscheiden, auf diese Welt. 100 Prozent aller Macht über uns ist in unserer Hand. Und unser ganzes Leben lang können wir in Wahrheit auch nicht einen Bruchteil davon abgeben: Nur wir – wir ganz allein – leben dieses unser Leben. Aber wir können die Realität zu merken verlernen, und andere als uns selbst für machtvoll über uns halten. Oder, eine weitere Möglichkeit des Irrsinns, wir bilden uns ein, daß soundsoviel Prozent der Macht über uns jetzt einem anderen abgetreten wird. (Und daß er damit auch gut umgeht, dafür machen wir ihn dann verantwortlich: irrsinnige Beziehungen der alten Kultur).

Dieses Abtreten von Macht über mich geschieht nur scheinbar. Existentiell gesehen entscheide *ich*, daß du jetzt über mich herrschst. Wenn ich dir 20 Prozent Zuständigkeit über mich einräume, kannst du dies nie wirklich ausüben: Denn du lebst nicht mein Leben. Aber ich kann es mir – souverän wie ich bin – vorgaukeln und mir und dir glauben machen, daß *du* jetzt tatsächlich Macht über mich hättest. Aber heute, selbst erwachsen und unabhängig von der Liebe der Erwachsenen meiner Kindheit, kann ich wieder merken, daß ich in

Irrsinn floh. Ich kann zurück zur Realität: Daß ich mein ganzes Leben lang 100 Prozent Macht über mich habe – und niemand sonst. Wenn wir wieder Zugang zu diesem Wissen finden, dann ändert sich viel in unserer Beziehung zu den anderen. Unverhüllt springt uns die Realität an: Wir sind zuständig für uns, in allen Fragen des Lebens, niemand sonst.

*

ich unterlasse viele dinge
aus angst
daß du dich dann
in meine angelegenheiten
einmischen könntest

und dabei bemerke ich nicht
daß ich dich dann
schon längst
in mich habe eindringen lassen
oder
dich zu einem eindringling
gemacht habe

das bewahren meiner grenze
das sorgen um meine würde
und unantastbarkeit
ist jedoch meine sache

ich vergaß es
und gab mich so in deine hand

5. Mittelpunkt

Wir sind es gewohnt, daß man sich nicht selbst in das Zentrum der Aufmerksamkeit stellt. Wer einen Brief schreibt, sieht zu, daß seine Sätze nicht mit »Ich« anfangen. Auch mir geht es heute noch so, und ich passe auf, nicht allzuviele Absätze des Buches mit »Ich« beginnen zu lassen. Im Mittelpunkt steht ein anderer, irgendein anderer, aber nicht wir selbst. Die neue Beziehung sieht dies nun genau umgekehrt: »Ich bin der Mittelpunkt des Universums« – dieser Satz ist eine wichtige Kernaussage.

Sie bedeutet, daß ich mich als den tatsächlichen Ort des Geschehens erlebe. Daß ich weiß, daß sich meine Gefühle *in mir* ereignen. Daß ich alles, was ich erlebe, *bei mir* erlebe. Daß ich *mein Leben* lebe. Daß ich *meinen Tod* sterbe. Daß es außerhalb meiner Wahrnehmung nichts gibt, was ich wahrnehmen könnte. Ich kann darüber spekulieren, ob es dich gibt oder die Sonnenblume vor dem Fenster – aber die Wahrheit darüber ist eine Wahrheit *in mir*, niemals außerhalb von mir. Gelegentlich ist es vielleicht für uns von Vorteil, wenn wir von einer Außen-Realität ausgehen, physikalische Gesetze entdecken und zum Beispiel einen Mähdrescher herstellen können (doch was ist mit der Bombe?). Aber auf der Ebene, um die es hier geht: wie sehe ich mich selbst und wie gestalte ich Beziehungen, gilt nur dies: Ich *bin* der Mittelpunkt allen Geschehens, und wenn ich sterbe, stirbt die Welt.

Mathematisch ist es sogar korrekt zu sagen, daß ich der Mittelpunkt des Universums bin, denn im unendlichen Raum ist jeder Punkt Mittelpunkt. Ich bin dies, du bist dies – jeder ist Mittelpunkt des Universums. Dies ist nicht absurd, wie schon die Mathematik zeigt. Dies ist menschliche Realität, und darauf gründet sich die neue Beziehung zu mir selbst und anderen.

Wer mit einer solchen Annahme einmal junge Menschen beobachtet, der wird schnell erkennen, was ich meine. Sie sind voll davon, Mittelpunkt allen Geschehens zu sein. Da wir aber darauf getrimmt wurden, dies anders zu sehen, bewerten wir das Mittelpunktverhalten junger Menschen negativ und bringen ihnen bei, sich an den Rand zu stellen und »Rücksicht« zu nehmen, statt ihnen zu vertrauen, von ihrer zentralen Position aus am besten Ausschau zum Wohle aller Beteiligten halten zu können.

Ich bin der Mittelpunkt des Universums. Sicher. Du bist dies auch. Wenn wir uns dessen sicher sind, werden unsere Beziehungen von neuer und realistischer Art sein.

*

ich weiß
als tiefe gewißheit
daß der boden nie wegsackt
daß die erde nie birst
daß die sonne nie explodiert
daß die atemluft nie ausgeht
daß ich nie tot sein werde
wie sollte ich das auch je erfahren

*

angesichts unserer selbst
gewinnen wir alles
und lassen uns
von allem gewinnen
und leben alles
und lassen alles leben

6. Bestes

Aus der Sicht jedes einzelnen – aus seiner eigenen Sicht, vom Standpunkt seines universalen Ich aus gesehen – realisiert jeder das Beste. Und er tut es zu jeder Zeit. Dies gilt nicht nur für die Menschen der neuen Beziehung, sondern für alle. Vielleicht ist es so, daß die Menschen der neuen Beziehung mehr Frieden bewirken, wenn sie »ihr« Bestes tun, da sie den Menschen für vertrauenswür-dig halten. Das wird so sein. Aber auch bei den anderen läßt sich ihr Sinn, ihr Bestes, finden, denn niemand kann letztlich anders als sinnvoll leben.

Mißverständnisse kommen dann, wenn man glaubt, ich würde mit dem »jeder tut jederzeit sein Bestes« sagen wollen, daß dies auch *für die anderen* jederzeit positive Auswirkungen hat. Das ist jedoch eine ganz andere Frage. Es gilt, daß die Zuständigkeit für die Reaktion auf das Beste des einen ausschließlich beim anderen liegt. Wenn jeder jederzeit sein Bestes tut, kommt es durchaus zu Konflikten.

Allerdings wird es den Menschen der neuen Beziehung nicht mehr passieren, daß sie dem anderen absprechen, ebenso wie sie selbst sein Bestes zu tun. Nur, daß diese beiden Besten hier gerade kollidieren (s. a. »Konflikt«, S. 60 ff.).

Um das Paradoxe – das scheinbar Paradoxe – einmal anschaulich zu machen, habe ich mir ein großes Poster von New York aufgehängt. Darüber habe ich geschrieben »Jeder tut jederzeit sein Bestes«. Gerade auch in einem solchen Hexenkessel wie dieser Stadt gilt, daß niemand seinen Sinn verfehlen kann. Nur lernten wir in unserer Kindheit, daß Menschen selten Positives tun – und so klingt uns die Nachricht vom Besten des anderen fremd. Mit der neuen Beziehung wird es uns wieder möglich, Vertrautes in dieser Aussage zu finden: So, wie wir jederzeit das Beste tun, tut dies auch jeder andere. Und auf diesen positiven Bahnen nehmen wir unsere Beziehung auf.

*

real ist
was ich denke
und nicht
was du
oder viele denken
daß es real sei

es gibt
so viele realitäten
wie es menschen gibt

*

we live
so we love

we love
so we live

III

1. Marionettenfäden

Wer sich länger mit der neuen Beziehung beschäftigt, wird mehr und mehr Fäden entdecken, an denen er wie eine Marionette hängt. Und er wird entdecken, daß dies bisher gut und unbemerkt geschah. Es sind dies die Normen und Regeln, Vorschriften und Selbstverständlichkeiten des bisherigen Umgangs mit uns selbst und den anderen. Die Entdeckung, daß diese Normen marionettenhaft sind, gibt uns die Möglichkeit, sie einfach abzuschneiden. »Einfach abschneiden« ist leicht gesagt, ich weiß, wie schwer das geht. Dennoch aber können wir es tun, und niemand kann uns wirklich daran hindern. Die Marionettenfäden sind aus Angst gemacht, und wir benötigen »nur« den Mut, uns auf uns selbst zu verlassen. Wenn wir uns selbst vertrauen, können wir jede Regel, die wir bislang befolgen »mußten«, als Marionettenfaden entlarven und kappen.

Im Grunde stehen wir nie mit dem Rücken zur Wand. Niemand zwingt uns wirklich, so zu leben, wie wir leben. Wir *können* es auch anders machen. Wir können aber auch bei unserer jetzigen Lebensführung bleiben. Alternativlos jedenfalls sind wir nicht. *Wir* haben uns entschieden – und nicht andere für uns. Und wir können in Wahrheit jederzeit neu entscheiden.

Fäden: ich muß mich um dich kümmern – ich muß diesen Beruf ausüben – ich muß in dieser Partnerschaft leben – ich muß Rücksicht nehmen – ich muß es dir recht machen – ich muß deine Argumente anhören – ich muß Rede und Antwort stehen – ich darf nicht einfach weglaufen – ich muß, ich darf nicht, ich darf nur, ich sollte, ich müßte doch, ich kann doch nicht einfach, ist völlig unmöglich, ist für mich nicht drin, kann ich wirklich nicht machen, wollte ich schon – aber, wenn es nur nach mir ginge . . . Genau so ist es, es geht in Wirklichkeit nur um uns selbst, um das Leben, das nur wir leben können: unser Leben. Es geht um *unsere* Entscheidungen. Die Finger der anderen in uns, die Fäden, an denen wir hängen, sind irreal.

Als Kinder akzeptierten wir dieses Marionettenspiel. Lieber Marionette als ungeliebt. Heute aber können wir die Fäden durchschneiden und mit unserer Selbstliebe für uns und die anderen von einer neuen, souveränen Basis aus da sein.

*

und langsam erkenne ich
all die fremden leute in mir

jetzt
wo ich stärker werde
entdecke ich mit tiefem befremden
wer sich in mich einschlich
als ich klein und schwach war

2. Schuldgefühl

Schuld sein an etwas. »Du bist schuld«. »Das ist deine Schuld«. Und dann das Gefühl, wirklich schuld zu sein an dem, was die anderen – oder ihre Stimmen in mir – mir vorhalten. Mit diesem Gefühl, Schlimmes angestellt zu haben und die anderen ringsum im Recht zu sehen. Und dort nur rauszukommen, wenn ich das tue, was sie jetzt von mir verlangen.

Das Schuldgefühl ist wie Herrschaft und Unterdrückung ein Produkt der patriarchalisch-pädagogischen Kultur. Und wenn es auch zu einem zentralen Punkt in der uns bekannten Religion wurde, so steht es doch in radikalem Gegensatz zu dem eben diese Religion kennzeichnendem Bekenntnis, daß der Mensch Ebenbild Gottes sei (zum religiösen Aspekt S. 141 f. Seit Generationen werden die Menschen mit dem Schuldgefühl vergiftet. Ihre Selbstliebe, die sie als kosmische Botschaft mit ihrer Geburt immer wieder auf diese Welt bringen, findet ihren Gegenspieler im Schuldgefühl. »Du bist nichts wert. Du bist böse. Du stellst Schlimmes an. Danke unserer Großzügigkeit, daß wir dir die Chance geben, deine Schuld wiedergutzumachen.«

Der Marionettenfaden, um den es hier geht, heißt: Ein Mensch kann einem anderen zu Recht sagen, daß er etwas Böses angestellt hat. Diese Idee ist ein doppelter Strick. Zum einen beinhaltet er, daß Menschen über andere überhaupt zu Recht ein Urteil fällen können. Zum anderen, daß die Idee »Böses« eine korrekte Idee sei. Beide Ideen werden von der neuen Beziehung abgelehnt. Niemand kann uns tatsächlich daran hindern, diesen widerlichen Doppelstrick abzuschneiden.

Wie lernt man es, sich nicht mehr schuldig zu fühlen? Wie schafft man es, daß einem das Schuldgefühl nicht dauernd dazwischenfunkt? Der erste Schritt ist, zunächst zu merken, daß wir selbst es sind, die uns in dem Strudel der Schuldgefühle gefangen halten. Denn Außenstehende haben heute keine Macht mehr über uns groß gewordene Kinder. Es liegt also an uns selbst, aus dem Schuldsumpf herauszukommen, es *kann* kein anderer für uns tun. Wer darauf wartet, daß die anderen dies doch tun mögen getreu dem »niemand kann sich selbst am eigenen Schopf aus dem Sumpf ziehen«, klebt fest an der Vorstellung, daß nicht wir selbst alle Verantwortung für uns haben, sondern daß sie sich teilen ließe, daß auch die anderen für uns zuständig seien. In dieser Denkart gibt es auch ein »Vergeben«, das die anderen uns zukommen lassen. Wer auf sich selbst als Grund aller Dinge setzt, spürt dagegen endlich Boden in diesem Sumpf, und damit ist der Anfang getan. Weiter frei vom Schuldgefühl wird man in dem Maß, wie die neue Beziehung emotional gelernt wird.

*

bei mir sein
meine farben malen
meine bewegungen leben
meine blicke ruhen lassen
meine sprache sprechen
meine blumen blühen lassen
mit meinen händen
meine dinge tun

dies
kann dich freuen
dies
kann dir weh tun

ich winke dir zu
oder versuche
dich zu trösten
nur der
der ich bin
der kann ich nicht anders sein

und deine freude
oder dein schmerz
sind seltsame blumen
um mich herum
die ihr eigenes leben haben
die ich sehe
und die ich mag
weil sie deine blumen sind

wenn du aber
um deiner blumen willen
von mir möchtest
daß ich nicht der bin
der ich bin
dann höre ich dich
und deinen wunsch

aber mein leben
bleibt davon so unberührt
wie immer ich es möchte

3. Schamgefühl

Tief in uns eingedrückt ist die Haltung des patriarchalisch-pädagogischen Systems gegenüber der Sexualität. Mit der neuen Be-

ziehung holen wir uns auch diesen Bereich unseres Selbst zu uns zurück.

Über diese Problematik wird ganz allgemein keine Öffentlichkeit hergestellt. Wer tauscht sich mit anderen darüber aus, was er in der Zeit der geschlechtlichen Reife erlebte, was er vielmehr nicht erleben durfte, welche Atmosphäre zu Hause, in der Schule, in der Gemeinde herrschte, welche Wünsche in uns auftauchten, welche Phantasien, welche Frustrationen, welche Verzweiflung, welche Ängste? Wer kann anderen von sich als einem geschlechtlichen Wesen berichten, so wie man über andere Dinge sprechen kann? Wir kommen nicht ins Gespräch über unsere Geschlechtlichkeit. Denn uns herangewachsenen Kindern wurde damals ein spezielles Gefühl eindringlich verbindlich gemacht: das Schamgefühl. Und oft in der merkwürdigen Form, daß doch der andere schamhaft sei, daß auf diesen Rücksicht genommen werden müsse, daß es also nicht so sehr um unsere Scham, sondern um die des anderen gehe.

Auch ich habe nur sehr selten über diese Dinge mit anderen gesprochen. Aber ich entdecke hierzu immer mehr Mut und Energie. Ich möchte einfach wissen, wie es den anderen zu dieser Zeit ergangen ist, als wir 12, 13 und 14 waren. Und danach, mit 15, 16 und 17. Ich bin sicher, daß wir uns als Geschwister auch in der sexuellen Frage gemeinsam befreien können, mit der Kraft unserer Solidarität. Und vielleicht müssen wir dies sogar gemeinsam tun, denn die demoralisierenden Fesseln des Schamgefühls übersteigen einfach die Kraft des einzelnen.

Ich will deswegen etwas von mir berichten. Ich weiß keinen anderen wirkungsvollen Weg, um die Befreiung auch hier anzustoßen. Mich macht es stärker, wenn ich erlebe, wie ich mich traue, »diese Dinge« *öffentlich* mitzuteilen, und anderen hilft dieser Sprung durch das Scheunentor ja vielleicht auch.

Alle unsere Wünsche sind o.k., sie brauchen nicht die Öffentlichkeit zu scheuen. Wir können alles, was in uns ist, mit dem stolzen und sicheren Gefühl freier und schöner Menschen den anderen zeigen, es vor ihnen leben und sie daran teilhaben lassen, soweit sie mögen. Tabugefühle entmündigen und lassen uns fühlen, daß etwas mit uns nicht o.k. sei. *Wir sind o.k.*

Als ich 9 Jahre alt war und mir die Gleichaltrigen im Kinderheim zum ersten Mal von Schwanz und Möse erzählten und was sich damit tun ließ, wußte ich ganz tief in mir, daß dies etwas Superglücklichmachendes sein mußte. Ich wußte es einfach. Und ich verstand nicht so recht, weshalb sie sich beim Sprechen über diese Dinge so komisch benahmen. Na gut, das war deren Sache. Ich war viel zu fasziniert. Und ich wollte es auch sofort mit Heike ausprobieren, wie das denn gehen sollte, »bumsen«. Ich erinnere mich gut, daß ich sogar in der ersten Begeisterung einen Zettel schrieb, für Wolfgang, der sich nicht zu schreiben traute, daß er gern mit Silvia bumsen wollte, wie ich den Zettel unter der Tür zum Zimmer der Mädchen durchschob, wie sie dann kamen und mich ansahen: Jetzt mußte es doch losgehen! Es war doch Wolfgangs größter Wunsch, und wie lange hatten wir da gestern abend noch darüber im Bett geredet.

Dann kam das, was wir wohl alle erlebt haben: Die große Woge des Bloßstellens, des »eigentlich haben wir ja nur so getan als ob«, des Distanzierens von den Wünschen und Träumen, wenn es Wirklichkeit werden sollte. Die Jungen und Mädchen, die jetzt über meinen Zettel palaverten, strahlten aus: Ach ja, der Hubertus ist halt noch ein bißchen klein, der weiß noch nicht so genau, was er sagt. Ich wußte es wohl, verdammt nochmal, ihr blöden Spinner! Ich wußte es tief aus mir.

Aber natürlich, unsere Kultur hatte sie schon verdorben, sie schon durch entsprechende Erlebnisse – die nicht von ungefähr kamen, sondern eben aus dieser Kultur – gegen sie selbst und ihre Wünsche gestellt. Und daß sie sich jetzt so merkwürdig benahmen, steckte mich an – und schon war es mir nicht mehr möglich, Heike zu sagen, daß es mich brennend interessierte, wie ihre Möse aussah und daß ich auch mal gern mit ihr bumsen wollte. Ging einfach nicht mehr. Drei Minuten demoralisierender Pesthauch reichten, um mich vorsichtig zu machen, und um im Sog *dieser* Art, Sex zu sehen, weitergetrieben zu werden.

Und heute: Wer von uns schafft es denn, eine Frau oder einen Mann zu fragen, ob sie / ob er mit ihr schläft? Einfach so, weil's vielleicht toll sein könnte? Es sitzt nicht drin, oder es wird anstrengend und verkorkst. Unbefangenheit und Selbstverständlichkeit mit dem Sex kennen wir nicht mehr, statt dessen hat uns das Schamgefühl fest im Griff.

Die neue Beziehung wird uns auch auf diesem Gebiet unsere Kompetenz für uns selbst zurückgeben. Unser Sex ist unsere Sache. Und eines Tages werden wir uns den Frieden, der im selbstverständlichen sexuellen Beisammensein liegt, zurückerobert haben. Und wir werden, wenn uns danach ist, einander wirklich *einfach so* unsere Wünsche mitteilen, fragen »magst du mit mir schlafen, ich fände es wunderschön«. So, daß das Miteinanderschlafen zum Alltag gehört und nicht mich und dich zurückgezogen im Heimlichen und Privaten gefangen hält – als hielten wir uns einen sorgsam ans Bett geketteten Löwen in der Wohnung. Selbstverständlich muß dieses stolze und schöne Geschöpf befreit werden, und selbstverständlich ist dies für uns alle hilfreich. (Hierzu auch S. 139 ff.)

*

deine augen
mit ihrer unerreichbaren tiefe
aus einer anderen zeit
eine leichte bewegung
wäre genug
doch mein mund schweigt
und erstaunt bemerke ich
was geschieht

*

deine liebe
meine wärme
deine arme
mein mund

alles dreht sich
es geschieht

*

deine unendliche nähe
meine unendliche nähe

schweigen
lauschen

sie flüstern
die geheimnisse

und sie finden sich
unsere wärme
unsere augen
unsere körper

4. Verpflichtungen

In der alten Beziehung gab es für uns die vielfältigsten Verpflichtungsgefühle. Wir fühlten uns verpflichtet, dies oder jenes zu tun. In
der neuen Beziehung wird die Idee abgelehnt, daß sich die Menschen verpflichtet fühlen. Denn dies bringt Abhängigkeit und Unterdrückung durch übergeordnete Menschen oder Mächte, die uns in
die Pflicht nehmen: die »anerkannten Regeln des Miteinanders«, das
»man tut und man darf und man muß«.
Was uns bislang in die Pflicht nahm, war jedoch unsere Angst.
Angst davor, daß etwas Schreckliches passieren würde, wenn wir
diesen Verpflichtungen nicht nachkommen. Diese Angst erlebten
wir als junge Menschen ganz konkret: Es passierte tatsächlich
Schreckliches, wenn wir nicht taten, was wir sollten, was uns die
jeweiligen erwachsenen Machthaber auferlegten. Entweder gab es
Prügel, Beschimpfung, Demoralisierung, Demütigung oder das
elende Erlebnis, daß sich Menschen, die wir liebten und an deren
Liebe uns so viel lag, von uns abwandten. Die Angst vor diesen
Schrecknissen veranlaßte uns, die Idee des »mich kann jemand
verpflichten, dies oder jenes zu tun« als eine für das Miteinander
gültige Idee zu verinnerlichen.
Heute können wir die Abwendung anderer von uns als etwas gelten
lassen, was ihnen zukommt, uns aber nicht mehr in Bann schlägt.

Heute wissen wir, daß uns niemand in Wahrheit zu etwas verpflichten kann. Wir erkennen, daß die Verpflichtungsidee ein unzulässiger
Eingriff in die Souveränität eines Menschen darstellt. Und wir
wissen, daß die Verpflichtungsidee ein wichtiger Teil des Ideenge-
bäudes ist, das die Menschen ihrer Selbstliebe, Eigenmacht und
ihres Gewichtes im sozialen Gefüge beraubt, um sie beherrschbar zu
machen. Wer einmal in sich drinsitzen hat, daß sich Menschen
überhaupt verpflichtet fühlen können, ist eine leichte Beute für die,
die ihm dann ganz bestimmte Verpflichtungen auferlegen wollen.
In der neuen Beziehung kenne ich das Gefühl nicht mehr, zu etwas
verpflichtet zu sein. Ich weiß darum, daß dies irreal ist, sozial
schädlich und gefährlich. Gelegentlich spüre ich es noch – aber es ist
dann nur kurz da, und mein neues Wissen und meine Sicherheit
befreien mich wieder davon. Der Umgang mit den anderen geschieht
heute auf einer verpflichtungsfreien Basis, so, wie wir es aus uns
heraus entscheiden und jeweils wollen. »Ich *muß* überhaupt nichts.
Niemand und nichts kann mich verpflichten, etwas zu tun.« Von
diesem Boden aus gelingt erst Frieden. Er kommt niemals von
außen, sondern nur aus uns selbst und den Bindungen, die wir in
ungeschmälerter Souveränität ohne Verpflichtungsgefühle eingehen.

*

sklaven
lasten ihr gefühl
sklave zu sein
den freien an
und bleiben dadurch
sklaven

freie aber
sind frei
sich frei zu fühlen

*

meine gefühle verpflichten dich?
laste es doch nicht mir an!

wenn du dich
durch mich
verpflichtest fühlst
gibst
du
mir macht über dich

ich kann sie dir nicht zurückgeben
es ist deine sache

5. Verantwortlich für

Wir sind in einem Alltagsklima aufgewachsen, das die Erwachsenen
als »ich bin für dich verantwortlich« zeigte. Von Geburt an fühlten
sie sich für uns verantwortlich. Und jeden Tag erlebten wir in all den
zigtausend Situationen des Miteinanders, daß nicht wir selbst für uns
verantwortlich sein sollten – ja, nicht einmal sein könnten!
Doch wir werden mit der Fähigkeit geboren, unsere eigenen Dinge
gut selbst entscheiden zu können und andere so anzuregen, daß sie
uns bei der Verwirklichung unserer selbst entschiedenen Wünsche
helfen (bzw. uns bei Überforderung zurückweisen). Dieses von
entmündigender Haltung freie Unterstützen (oder Zurückweisen) ist
die eigentliche Aufgabe von Eltern und Erziehern. Aber wir lernten
als Kinder jeden Tag, daß die Erwachsenen *diese* solidarische und
loyale Form des Umgangs mit uns nicht kannten, daß sie nicht gelten
durfte. Statt dessen sollte richtig sein »wir sind für dich verantwortlich«, und ihre Hilfe war keine Hilfe, sondern Entmündigung und
Herrschaft. Wir übernahmen dieses entmündigende Modell schließlich als wohl richtig für menschliche Beziehungen und praktizierten
es als Erwachsene in der Partnerschaft, im Umgang mit unseren
Kindern und bei anderen. Die Denkbahn des »verantwortlich für«
wurde auch zu unserer Denkbahn.
Die neue Beziehung schneidet diesen Marionettenfaden ab. Die
Idee, daß der eine Mensch verantwortlich für den anderen sei, wird

abgelehnt. Diese Idee entmündigt den anderen Menschen, sie mißtraut seiner Fähigkeit. Und sie überlastet den »Verantwortlichen« mit all den Bürden, die Unterdrückung für den Unterdrücker mit sich bringen: Konfrontation statt Miteinander, Herrschaft statt Solidarität, Erziehen statt Unterstützen, Kontrolle statt Vertrauen, Streß statt Erholen, Haß statt Liebe. Es ist in der Tat nicht leicht, »Verantwortung für« jemanden zu tragen – weil dies an der Realität der Menschen vorbeigeht. Und zwar sowohl an der Realität des »verantwortlichen« Unterdrückers als auch an der des entmündigten Unterdrückten, da die Menschen als souveräne und selbstverantwortliche Wesen geboren werden, denen Herrschen und Beherrschtsein von Grund auf fremd sind. Wer Verantwortung für einen anderen übernimmt, treibt diesen in den Irrsinn – nämlich zu glauben, er könne seine eigenen Dinge selbst *nicht* gut entscheiden und unterstützt von anderen gut besorgen.

Es ist wohl sehr schwer, bei sich selbst das »ich bin für dich verantwortlich« abzulegen und statt dessen anzunehmen, daß wir *nicht* für die anderen verantwortlich sind. Unsere Kindheit prägt uns die Angst der Erwachsenen tief ein. Hätte es ohne ihr »ich bin für dich verantwortlich« nicht schlimm mit uns geendet? Daß dies so geschehen würde, war ihre felsenfeste Überzeugung, und unendliche Mühen nahmen sie auf sich, um ihrer Verantwortung für uns gerecht zu werden. Daß es ohne die Übernahme von Verantwortung für den anderen – oder modischer: Mitverantwortung – nicht geht zwischen den Menschen, sitzt in uns.

»Hätten unsere Eltern sich nicht für uns verantwortlich gefühlt, . . .«. Ja, was wäre dann geschehen? Ist es wirklich die Realität der Menschen, andere im Stich zu lassen, die um Hilfe und Unterstützung bitten? Ist es nicht vielmehr so, daß Helfen und Unterstützen *ohne* das Gefühl, nun gleich auch für den anderen verantwortlich zu sein, menschliche Selbstverständlichkeit ist? Wenn sich unsere Eltern nicht für uns verantwortlich gefühlt hätten, wäre klar zutage getreten, was Menschen zukommt: daß wir selbst nämlich für uns sorgen können, indem wir Auskunft gegeben hätten, was wir benötigten, und daß unsere Eltern entsprechend ihrer Hilfs- und Unterstützungsbereitschaft uns zur Seite gestanden hätten. Ein Miteinanderleben *ohne* daß sich der eine für den anderen verantwortlich fühlt, hätte unsere Realität sein können. Menschliche Solidarität benötigt dieses Herrschaftskonstrukt nicht.

*

seht
das bin ich
seht nicht
das bin ich

ich bin stets
ob ihr seht oder nicht

ich bin
und ich sehe euch

6. Verantwortlich vor

Statt »ich bin *für* dich verantwortlich« gilt für mich heute »ich bin *vor* dir verantwortlich«. Damit will ich sagen, daß ich jederzeit zu dem stehen kann, was ich tue, auch zu dem, was ich im Umgang mit dir tue. Was immer ich tue, es ist für mich sinnvoll, ich stehe dazu, oder: ich verantworte es vor mir, dir und der Welt. Mit Ruhe und Gelassenheit kann ich vor dich treten und sagen, was es mit dem auf sich hat, was ich gerade mit dir getan habe. Offen und selbstbewußt teile ich mit, wer ich bin und was ich tue. Ich kann mich vor aller Welt verantworten.

Ich *kann* es – aber ich muß auch dies nicht tun. Denn niemand kann mich wirklich zwingen, Rechenschaft abzulegen. Auf der anderen Seite gilt aber auch, daß ich nichts verbergen muß. Und wenn es für mich einen Sinn macht, den anderen Auskunft zu geben, dann kann ich dies tun, ihnen meine Antworten geben. Da ich mich liebe und nichts verbergen muß, ist mir dies unproblematisch.

Das Einbezogensein der Welt – einschließlich der anderen Menschen – in meine Selbstliebe, in meinen Kosmos, läßt im Grunde auch gar keine andere Möglichkeit zu, als daß ich stets zu meinem Tun stehe und somit immer verantwortlich (vor der Welt und den anderen) handele. Das Besinnen auf mich selbst als Quelle meines Tuns ermöglicht es mir, in viel tieferer Dimension Verantwortung zu tragen als dies jemandem möglich ist, der sich »verantwortlich für« die Welt und die anderen fühlt. Er tut es für die anderen, und sein eigenes Interesse dabei ist immer noch eine ganz andere Frage. Wie weit *er selbst* bei diesem »verantwortlichen« Handeln betroffen ist, steht dahin. Ich hingegen bin dann, wenn ich verantwortlich bin, immer ich selbst, betroffen, voll beteiligt, denn meine Verantwortung entspringt meiner Selbstliebe – und *nur* ihr, nicht einem mir fremden Interesse der anderen (die etwa von mir fordern, daß ich mich um sie kümmern möge). Meine Verantwortung vor dir und der Welt wurzelt unmittelbar in mir, und ich habe nicht daneben noch irgendwelche Interessen. Bei der Verantwortung, die ich trage, geht es *um mich*, und nicht um dich – wiewohl sie sich erst dir gegenüber erweist. *Ich* gebe meine Antwort, und es ist nicht so, daß ich mich beiseite stelle und stellvertretend für *dich* handele.

Die Quelle der »Verantwortung vor« ist also unser Selbst. Ich liebe mich, und in meiner Selbstliebe umfasse ich dich und die Welt als Teile von mir. Mir liegt – da ich mich liebe – an allen Facetten meines Selbst, auch an den Facetten »du« und »Welt«. Ja, es ist mir überhaupt nicht möglich, diese Teile meines Selbst von mir abzuspalten und irgendwie ohne Verantwortung mit ihnen umzugehen. Wer die neue Beziehung realisiert, ist automatisch verantwortlich. Vor sich selbst und allen seinen Ich-Teilen. Mit der alten entmündigenden »Verantwortung für« hat dies nichts zu tun. Das Verantwortungsgefühl der neuen Beziehung ist eine machtvolle konstruktive Alternative zu den belastenden und irrealen Verpflichtungs- und Verantwortungsgefühlen des alten Angst- und Herrschaftssystems.

*

wenn du wirklich
mich sehen willst
dann schau aus der
tiefe in dir zu mir
und verweile bei dir
sonst fliehe ich

IV

1. Gewalt

In der neuen Beziehung nehmen wir uns mit allem an, was in uns ist; auch unsere Aggressivität, unsere Fähigkeit, gewaltsam zu sein. Wir verfügen über die Fähigkeit, uns im Umgang mit anderen nachdrücklich – auch sehr nachdrücklich – Gehör zu verschaffen. Und wir verfügen ebenso über die Fähigkeit, uns nachdrücklich – auch sehr nachdrücklich – unserer Haut zu wehren. Das »ich habe auch etwas zu sagen« und das »laß mich in Ruhe« sind wichtige Eigenschaften, um unsere Selbstachtung und Friedensfähigkeit zu bewahren.

In unserer Kindheit mußten wir lernen, daß wir von unseren Mitteln zum Geltendmachen eigener Interessen und zur Abwehr von Angriffen nicht Gebrauch machen durften. Wir durften nicht schreien, nicht heulen, nicht jammern, nicht meckern, nicht das Gesicht verziehen, nicht mit dem Fuß stampfen, nicht wütend sein, nicht treten, nicht beißen, nicht kratzen, nicht an den Haaren ziehen, nicht schlagen. Wir durften nicht einmal Widerworte geben: *Ohne Gegenwehr* sollten wir über uns ergehen lassen, was die Großen uns zudachten. Unsere Wehrfähigkeit wurde diskriminiert, gebrandmarkt, verdammt, bestraft. Und wir wurden über das Schuldgefühl tief verstrickt in die Problematik, daß »Gewalt« etwas Schlimmes sei.

Die Wahrheit ist, daß wie bei allen unseren Eigenschaften auch bei der Eigenschaft »Aggressivität« und der Eigenschaft »Gewalt« ein Sinn da ist. Und wie stets in der patriarchalisch-pädagogischen Kultur wird uns auch dieser Sinn zersetzt. Statt uns unsere Gewaltfähigkeit zu lassen und sie wie uns selbst zu achten, wird da etwas von uns als abscheulich abgestempelt, wird da auch diesem Teil von uns der Boden entzogen. Wobei es noch besonders verwirrend war, daß die Großen ganz kräftig von diesen Eigenschaften Gebrauch machten, nicht zuletzt dann, wenn sie uns die Gewaltfähigkeit austreiben wollten.

Richtig ist, daß wir *immer* schön und sinnvoll sind, auch dann, wenn unser Verhalten als aggressiv und gewaltsam eingestuft werden kann. Wenn wir gehindert werden, in innerem Frieden mit unserer Gewaltfähigkeit zu leben, werden wir krank auch an diesem Punkt. Unsere gewaltsamen Akte sind *dann* nicht mehr die Handlungen eines sich nachdrücklich zu Wort meldenden oder zur Wehr setzenden Menschen. Dann sind sie schreckliche Explosionen von an sich selbst zweifelnden und in die Enge getriebenen Menschen, die nun krankhaft gewaltsam sind und durch diese verzerrte Eigenschaft andere schwer schädigen, ja sogar töten können. Wenn man uns unsere Gewalt läßt, wird sie als ein Signal von uns in Erscheinung treten und die anderen veranlassen, uns zuzuhören. Wenn man unsere Gewalt unterdrückt, wird sie ein Eigenleben entwickeln, weit über ihre Signalfunktion reichen – und *dann* tatsächlich das sein, wozu sie unsere Gewalt-Verhinderer machten: eine große Gefahr. Die Entdramatisierung und Akzeptanz auch der Aggressivität und Gewalt ist ein Ergebnis der neuen Beziehung. Wie mit allen anderen Eigenschaften leben wir auch mit diesen Eigenschaften des souveränen Menschen in Frieden, und wir finden es äußerst absurd, sich zur Gewaltlosigkeit zu vergewaltigen. Wenn wir gewaltsam sind, ist dies von der kranken Gewalt derer, die in der alten Herrschaftskultur leben, radikal unterschieden. Unsere Gewalt verläßt nicht die Bahn des Friedens, sie ist kein Angriff gegen einen anderen, sondern eine nachdrückliche Ich-Botschaft.

Die Selbstverständlichkeit und gelassene Einstellung gegenüber der Aggressivität und Gewalt bewirken außerdem, daß wir es immer weniger nötig haben, tatsächlich gewaltsam vorzugehen. Wir könnten Gewalt anwenden, es kommt uns zu. Wir müssen dies nicht verhindern. Und da wir in dieser Frage entspannt sind, erreicht uns viel eher als früher die Angst der anderen, wenn sie in unserem Gesicht lesen, daß wir auf Gewalt zurückgreifen wollen. Und ebenfalls viel eher als früher können wir wieder einen anderen Weg finden, etwas, das die anderen weniger schreckt. Unser tatsächliches Maß an Gewalt nimmt mehr und mehr ab, wir sind frei geworden von dem Starren auf *diese* Möglichkeit im Miteinander. Unsere Fähigkeit, sinnvoll mit der Gewalt umzugehen, war uns aus den Händen gewunden worden, und wir konnten nur noch blindlings zuschlagen. Nun sind wir Herr auch wieder über dieses unser

Vermögen, und wir erkennen immer mehr, daß wir es viel weniger einzusetzen brauchen. Auch in dieser Frage gilt das scheinbar Paradoxe: je mehr wir gewaltsam sein *könnten*, desto weniger sind wir es tatsächlich.

*

meine gewalt
bin ich

wer sie mir nimmt
nimmt mich

um mich
mit seiner gewalt
für sich
zu nutzen
oder
um mich
seiner angst
zu opfern

2. Konflikt

Als Kinder sind wir in Konfliktfällen mit dem Denkmuster »einer gewinnt und der andere verliert« konfrontiert worden. Daß wir oft nicht gewannen, war zwar schlimm, aber eines Tages würden wir dann soweit sein, daß Niederlagen nicht mehr vorzukommen brauchten (oder daß wir eben immer auf der Seite der Verlierer stehen würden). Wir lernten, daß bei Konflikten eine Lösung vom Sieger-Besiegten-Schema aus stattfindet. Ein solches Schema ist Ausdruck des patriarchalisch-pädagogischen Herrschaftssystems, und es ist klar, daß die neue Beziehung in dieser Frage eine eigene Antwort weiß.

Zunächst gilt es, die Idee des Oben-Unten auch in Bezug auf den Konflikt und seine Lösung als eine unnötige und schädliche Idee zu erkennen. Wie stets in der neuen Beziehung gehen wir auch in dieser Situation davon aus, daß jeder von uns sein Bestes tut, daß jeder von uns – also *alle* am Konflikt Beteiligten – Mittelpunkt des Universums ist, mit seinem Sinn und seiner Weisheit. Dies bedeutet, daß entgegengesetzte Interessen gleich wertvoll sind, gleichen Rang haben. Dies bewerten alle am Konflikt Beteiligten so. Und wie hoch her es auch gehen mag: Das Wissen um die Gleichwertigkeit der Positionen ist tief in uns verwurzelt, und wir verabscheuen es, unser Interesse als wertvoller einzustufen, weil wir uns damit über den anderen emporschwingen würden. Jegliches Herrschaftsverhalten ist uns zuwider, auch in der Konfliktsituation.

Es ist zu jeder Zeit des Konflikts klar, daß es weder Sieger noch Besiegte geben wird. Denn wen wir in unser Herz geschlossen haben – und dies sind außer uns ja auch die anderen –, den stoßen wir nicht weg und drücken wir nicht herab. Unterlegenmachen, Unterwerfen, Besiegen – dies ist für Menschen, die sich lieben und in sich Raum für den anderen haben, aus Gründen ihres Selbstverständnisses und ihrer Selbstachtung nicht mehr möglich. Frieder verabscheuen solche »Lösungen«, sie *können* dies nicht mehr tun.

Wir wissen um unsere eigene Würde und die des Konfliktpartners, wir wissen auch, daß er darum weiß. Er wiederum weiß um seine und unsere Würde, und er weiß ebenfalls, daß wir darum wissen. Fester Boden ist vorhanden, wenn die Menschen der neuen Beziehung mit unterschiedlichen Interessen in einen Konflikt geraten.

Der Ausstieg aus der Denkbahn des Oben-Unten und hier speziell des Sieger-Besiegter-Schemas ist sehr schwer. Der Sog, auf das erlernte Muster zurückzugreifen, ist groß, vor allem, wenn es um »wichtige« Dinge geht. Eine große Hilfe für das Umlernen, das Wiederanknüpfen an die solidarische Art des Umgangs mit dem Konflikt, ist wie stets beim Erlernen der neuen Beziehung die Selbsthilfegruppe.

Es wird also eine neue Grundhaltung dem Konfliktpartner und seinen Interessen gegenüber eingenommen. Was geschieht nun konkret? Nun, das, was die Kontrahenten *von der neuen Basis aus* daraus machen. Und dies kann sehr verschieden sein. Eine Möglichkeit, die ich kenne, ist folgende: In uns selbst vergleichen wir in einem energievollen Hin und Her unsere Position mit der des anderen, und wir spüren dabei dem Gewicht nach, das wir unserer

Position geben und das der andere seiner gibt. Wir nehmen auf, welche Dringlichkeit wir den Interessen beimessen, wie wichtig *uns* das jeweilige Interesse ist. In uns selbst klärt sich, welche Dringlichkeit wir als größer einstufen: welches gleichrangige Interesse wem von uns mehr am Herzen liegt. Wenn wir nach Augenblicken des inneren Schauens noch keine Lösung gefunden haben und noch nicht wissen, wer von uns jetzt in der größeren Not ist, sein Interesse zu verwirklichen, dann setzen wir erneut an. Warum sollte sich dann nicht das »o.k., dann mach du« ergeben? Dies alles geschieht ohne Diskussion, Streit, Handgreiflichkeit – es ist ein stiller energievoller Vorgang, den jeder in sich erlebt.

Die Grundlage für die Kraft einer solchen *friedlichen* Konfliktlösung ist unsere Selbstliebe. Wir lieben uns zu sehr, als daß uns ein uns entgegengesetztes Interesse aus der Bahn werfen könnte. Wir spüren in den Interessen der anderen ihre Würde – weil wir unsere eigene Würde, unseren Wert und das Wissen um das Gewicht unserer Interessen wiedergefunden haben und weil wir die Achtung der anderen vor uns und unseren Interessen spüren. Unser Vertrauen in uns und die anderen trägt uns, so wie ihr Vertrauen in sich und in uns ihnen Sicherheit gibt.

*

die angst
mich durch dich zu verlieren
hindert
mich zu zeigen
wie ich tief in mir bin

wenn ich dir trauen kann
daß du mich mich sein läßt
dann zeige ich mich dir gern

wann aber
kann ich trauen

*

ich fühle stärke in mir
mich dir auszusetzen
was immer du mit mir
tun magst

ich habe keine angst vor dir
ich bin tief bei mir

3. Tränen

Wir sind es gewohnt, große emotionale Geschehnisse bei den
anderen nicht mit Ruhe ansehen zu können. Wenn der andere sehr
heftig reagiert, eilen wir herbei, um ihn zu beruhigen, etwa wenn er
weint. Oder wir beginnen ihn zu trösten oder von den Dingen zu
reden, die Tränen eigentlich nicht nötig sein lassen.
In Wirklichkeit geschieht dann, daß wir uns selbst beschwichtigen
und trösten. Dieses Beschwichtigungs- und Trostverhalten haben
wir der Erwachsenenwelt abgesehen, als wir Kinder waren. Wenn
wir als junge Menschen weinten, stürzten die anderen herbei und
nahmen sich unseres Schmerzes an. Was aber bedeutet: Sie nahmen
uns die Oberhoheit über unseren Schmerz. Anscheinend konnten sie
nicht ertragen, daß unsere Tränen flossen, und sie mußten etwas
dagegen unternehmen. Unsere Tränen gehörten nicht uns. Sie waren
etwas Beängstigendes für die anderen. Und wenn wir verzweifelt
waren, wurde alles mögliche in Szene gesetzt, damit wir wieder froh
wurden. Unsere Verzweiflung wurde nicht als Realität akzeptiert,
sondern sie wurde wie ein Schmutzfleck weggeputzt.
Wer seine Selbstliebe wiederfindet, der weiß um den Wert der
Tränen und Verzweiflung von damals. Sie waren offene Tore zu
uns, Rufe, uns selbst, so wie wir wirklich waren, zu erkennen. Sie
waren keine Aufforderung, herbeizustürzen und von unserer Wirklichkeit, die sich energievoll Bahn brach, wieder abzulenken. Doch
im Ablenken waren die Erwachsenen geübt, denn sie kannten dies ja
aus ihrer eigenen Kindheit: lamentieren, aggressiv reagieren, gutge-
meintes »armes Kind«, listige Beruhigungsmanöver, »ist doch nicht

so schlimm«. Es ging darum, *ihre* Ruhe und Ordnung wiederherzu-
stellen. Unsere Tränen waren letzte Versuche, in das Chaos der
pädagogischen Erwachsenenwelt die Wahrheit und Weisheit *unserer* kosmischen Ordnung zu tragen, die von der Einmaligkeit und
Würde der Person kündet. Heute wissen wir wieder um den Stellenwert des Weinens, der Tränen, der Verzweiflung und der anderen
starken Emotionen. Und wir können uns angemessen verhalten.
Wenn jemand – sei es ein junger oder erwachsener Mensch – in
meiner Gegenwart weint, bin ich nicht mehr aufgeschreckt in
hilfloser Dramatik. Ich kann mit Ruhe, Konzentration, Wärme,
ohne Worte, still und energievoll einfach da sein. »Ich bin da. Ich
stehe auf deiner Seite. Ich mag mich selbst. Ich mag auch dich. Ich
habe Kraft, dir zuzuhören. Deine Tränen verletzen und beunruhigen
mich nicht. Ich kann sie dir lassen. Nichts muß zerstört werden. Ich
höre dich aus der Tiefe in dir. Ich bin dir nah.« Diese Reaktion auf
die großen Emotionen der anderen sind geöffnete Tore auch bei uns:
auch wir können uns selbst begegnen. Die Nähe des Weinenden zu
sich und die Nähe des Zuhörenden zu sich sind für beide hilfreich:
Sie spüren, daß sie jetzt einander sehr nah sind, daß ihr jeweiliges
Selbst viel intensiver in Erscheinung tritt als sonst, und von dieser
intensiven Basis sehen sie einander und stellen sie energievollen
Kontakt her. Dies ist ganz anders als früher, als das offen gezeigte
erschütterte Selbst des einen die anderen ringsum verstörte, und sie
mit diesem kostbaren Gut nichts anfangen konnten.

*

angesichts
deiner verwirrung
überkommt mich
ruhe und gelassenheit

und mit meiner angstferne
kann ich nah bei dir sein

4. Dein Schmerz

»Du tust mir weh« – wir haben es von klein auf gelernt, zu glauben, daß dies überhaupt geschehen kann. Und daß wir diejenigen seien, die den anderen Schmerz und Betrübnis bereiten. Doch die neue Beziehung schneidet auch das »du tust mir weh« als einen Marionettenfaden ab. »Du tust mir weh« geht in Wahrheit überhaupt nicht zwischen Menschen!

»Du tust mir weh« schiebt dem einen die Zuständigkeit und Verantwortlichkeit für das Wohl des anderen zu. Zuständig und verantwortlich bin ich jedoch stets für mich selbst, niemals kann dies ein anderer für mich sein. Wenn es in unserem Umgang ein »du tust mir weh« gibt, zeigt dies, daß wir einander zu entmündigen gewohnt sind und daß in komplizierter Weise der Entmündigte (der Zuständigkeit für seinen Schmerz nicht mehr bei sich sieht) den anderen unterdrückt, indem er ihm die Sorge für sein Wohl aufbürdet.

Wir haben gut gelernt, auf das »du tust mir weh« blitzschnell zu reagieren: Mit Verteidigen, mit Wiedergutmachen, mit Beschwichtigen, mit Entschuldigen, mit schlechten Gefühlen und schlechtem Gewissen. Unumstößlich war, daß wir tatsächlich dem anderen etwas getan hatten, und daß die Idee »der eine kann dem anderen weh tun« eine korrekte Idee sei.

In der neuen Beziehung ist jeder für sich selbst zuständig. Wenn ich etwas tue, ist dies vor mir, dir und der Welt verantwortet. Da ich mich liebe, ist mein Tun immer ein sinnvolles und letztlich Liebe ausdrückendes Tun. Dies bedeutet *nicht*, daß es von den anderen stets als Glück erlebt wird! Mein sinnvolles Tun kann durchaus für andere Schmerz bedeuten. Aber es gilt zu merken, daß die Schmerzerfahrung über mein sinnvolles Tun die Erfahrungsrealität *des anderen* ist, nicht etwas, für das ich zuständig bin. Du könntest in der Tat ja auch anders als mit Schmerz reagieren, etwa mit Erstaunen, Belustigtsein, Gelassenheit, Anteilnahme, Sorge, Spaß, Glück, Zufriedenheit usw. als ausgerechnet mit Schmerz. Ich tue nur Sinnvolles, jederzeit das Beste. Wenn du darauf mit Schmerz reagierst, ist dies sicher deine korrekte Reaktion – aber es ist *deine* Reaktion und nichts, was ich mir anstecken müßte.

Wenn wir den Schmerz des anderen so ansehen, verwischen wir nicht die Zuständigkeiten. ».. . so halte ihm auch die andere Wange hin« – wo der eine mit Schmerz reagiert und sich hüten würde, einen zweiten Schlag abzubekommen, ist der andere stark und energievoll, die Not des anderen (die sich hier in körperlicher Attacke äußert) therapeutisch mit seinem Körper aufzufangen. Ob du mich als Schmerz oder Glück erfährst, ist nicht meine, sondern deine Sache.

Statt »du tust mir weh« wäre es korrekter zu sagen »ich erlebe dich schmerzvoll«. Damit würde die Zuständigkeit klar ausgedrückt. Aber solche Redewendung ist völlig unüblich – und es ist nicht verwunderlich, daß unsere Sprache solche Differenzierungen kaum kennt. Doch es kommt natürlich nicht auf die Worte an. Wichtig ist, zu wissen, daß ich immer für mich selbst zuständig bin, auch, wenn andere mit mir umgehen, auch, wenn andere von mir als schmerzvoll erlebt werden. Daß eine solche Sicht geradezu revolutionierende Konsequenzen für unsere Beziehungen hat, liegt auf der Hand.

Wenn ich erlebe, daß durch mein Tun jemand in Schmerz gerät, und ich mich nicht in Zuständigkeitsdebatten und Schuldzuweisungen verlieren muß, sondern genau weiß, was mir zukommt (Liebe zu strahlen) und was dir zukommt (diese jetzt als Schmerz zu erleben), dann habe ich auch Kraft, mich dir zuzuwenden – *deinem* in dir lebenden Schmerz. Und du könntest erfahren, daß ich dich liebe – was wiederum deinen Schmerz lindern wird.

*

dein schmerz
verpflichtet mich nicht

aber er rührt mich an

*

wenn meine art
zu sein
dir schmerz bereitet

dann bist du dafür
daß du durch meine art
zu sein
schmerz empfindest
selbst zuständig

und ich erkenne zuständigkeit
für deinen schmerz über
meine art
zu sein
nicht an

ich empfinde freude
über meine art
zu sein

doch ich lasse dich
in deinem schmerz nicht allein

5. Mein Schmerz, Krankheit und Tod

»Du tust mir weh« – tief ist in uns eingebrannt, daß der andere
zuständig sei für unser Glück. Die Weisheit, mit der wir zur Welt
kamen, nämlich für uns selbst verantwortlich und zuständig zu sein,
wurde uns von der traditionellen Sichtweise »unmündiges Kind«
ausgetrieben. Wir übernahmen, daß andere für uns zuständig seien.
Vielleicht entstand dadurch überhaupt erst der Gegensatz von Glück
und Leid: Denn wenn wir stets alle Zuständigkeit als bei uns erlebt
hätten, wie es in Wahrheit unserer Realität entspricht, dann hätten
wir auch glücklich machendes und schmerzhaftes Erleben nur als
verschiedene Erscheinungen unseres souveränen Selbst und souveränen Erlebens wahrgenommen. So aber wurden wir in die Bahn der
Gegensätze geschleust, mit ihren vielen Unvereinbarkeiten, die ja
eigentlich nicht Gegensätze, sondern verschiedene Erscheinungen
des Lebens sind. Wir aber erlebten Schmerz hier und Glück dort.
Heute kommen wir zu einer neuen, uns zunächst bekannten und

dann aber verlernten Sicht des eigenen Schmerzes. Er gehört uns. Er ist nicht etwas, das man in die Wüste schicken müßte. Er ist sinnvoll. Er sagt uns etwas. Er ist Teil von uns. Wir können heute auf Schmerz, der sich aufgrund des Verhaltens anderer ereignet, ganz anders reagieren als früher. Es ist eher ein erstauntes Aufmerken dabei als ein entrüsteter Blick auf den anderen. Ich nehme meinen Schmerz als eine Erscheinung *meines* Lebens an und mache nicht andere dafür verantwortlich. Und ich kann mich natürlich auch zur Wehr setzen, wenn ich mir nicht anders zu helfen weiß – damit *mein* Schmerz aufhört, für den *ich* zuständig bin. Du wiederum wirst dich dann mit meiner wehrhaften Reaktion auseinandersetzen.

Ich weiß, daß dein Verhalten für dich o.k., sinnvoll und voll Liebe ist. Ich aber erlebe jetzt gerade Schmerz dabei. Wenn ich genug Energie habe, gibt dies mir die Chance, statt mich zur Wehr zu setzen, in mich zu hören und zu fühlen, welchen Aufruhr das in mir macht. Meist wird es mich auf Pfade führen, die verschlossene Türen meiner Kindheit zeigen: Daß dort Angst und Demütigung warten, ernst genommen zu werden. Daß dort das unterdrückte Kind von damals wartet, aus dem Keller des Versteckens geholt zu werden. Der Schmerz, den ich im Zusammenhang mit dir erlebe, gibt mir heute Schlüssel zu versperrten Türen.

Damit will ich nicht sagen, daß es nicht mehr weh tut. Es tut weh. Und natürlich liebe ich es nicht, wenn es mir weh tut. Aber es ist anders als früher. Erstens dauert dieser Schmerz heute nicht mehr so lange und er peinigt mich nicht mehr so, da ich ihn als Erscheinung meines Lebens grundsätzlich akzeptiert habe, und zweitens eröffnet er mir viel, er ist heilsam. Er hat ein neues Gesicht bekommen, und er ängstigt mich nicht mehr.

*

Wenn wir uns selbst vertrauen, wenn wir der Weisheit unseres Organismus vertrauen, dann ändert sich auch die Art, Krankheit zu verstehen. Die *Bewertung* einer Körpererscheinung als Krankheit ist ja etwas anderes als die Erscheinung selbst – sie ist Ausdruck des Mißtrauens in die Vorgänge des Körpers. Masern etwa lassen sich aus der neuen Sicht auch ganz anders als eine Krankheit auffassen: Sie sind ein wichtiges Stadium des jungen Menschen, das seine Kräfte zentriert und ihn abwehrbereit für spätere Angriffe macht. Das Fieber und all die anderen Vorgänge drumherum sind mächtige energievolle körperliche Erscheinungen. Und sie müssen nicht als Krankheit bezeichnet und erlebt werden. Es geschieht in mir erregend und mich mitnehmend Energievolles, es ist anstrengend und gelegentlich macht es mir Angst. Aber es *ist*. Wir haben die Wahl, unsere körperlichen Erscheinungen abzulehnen oder sie anzunehmen, sie als Schmerz von uns zu weisen oder sie als energievolles Geschehen unseres Körpers gelten zu lassen. Wer in der neuen Beziehung lebt, lebt auch in Übereinstimmung mit seinem Körper, und alles, was sein Körper mit ihm macht, nimmt er aus dieser akzeptierenden und positiven Sicht wahr.

Was nicht heißt, daß man nun alles mit sich machen läßt, da es ja doch nicht mehr weh tut. Darum geht es nicht. Was wir anderen gestatten, ist eine ganz andere Frage als die, ob wir unserem Organismus vertrauen. Und im Umgang mit den anderen achten wir sehr genau darauf, daß unsere Würde und Souveränität gewahrt bleibt. Welche Übergriffe sich dann jemand gefallen läßt, ist wiederum seine eigene Sache, und wir werden uns da sicher unterschiedlich verhalten. Und die Bewertung der Übergriffe als Schmerz ist erneut eine andere Sache, vom Übergriff als Einmischen in unsere Angelegenheit getrennt. Hier, bei der Bewertung einer körperlichen Erscheinung als Schmerz oder Krankheit, gehen wir einen neuen Weg – damit geben wir aber niemandem grünes Licht zur Willkür gegen uns.

In gleicher Weise ändert sich unsere Einstellung dem Tod gegenüber. Wir sehen ihn nicht mehr im Widerspruch zum Leben, sondern als eine Erscheinung des Lebens, er ist nicht mehr so etwas wie eine Krankheit ernstesten Ausmaßes, sondern eine energievolle Erscheinung. Natürlich wissen wir nicht, was dann kommt – aber dies ängstigt uns nicht. Wir fühlen uns vom Leben getragen, und wir wissen, daß wir Leben sind. Es gibt keinen Grund, den Tatsachen des Lebens zu mißtrauen, und der Tod gehört dazu. Die innere Ablehnung des Todes drückt Angst vor dem tatsächlichen Leben mit allen seinen Erscheinungen aus. Dies ist die Situation der alten Kultur, und es ist nicht verwunderlich, daß sie Tröstungen für die Zeit danach parat hält. Wer jedoch auf das Leben setzt, braucht keine Tröstung, sondern er ist voller Zuversicht, daß auch der Tod nichts Schlimmes, sondern etwas Sinnvolles ist.

*

wenn etwas geschieht
das von tod kündet
dann sage ich ja
und bin eingedenk
des bruchteils
unserer hilfsmittel

entschlossen jedoch
setze ich sie ein

*

ich lächle den tod an
und er lächelt zurück
und das leben sieht zu

ich spüre
du – tod
und du – leben
ihr seid ich
und ich bin ihr

sein heißt
leben und tod und alles

6. Glück

Ich sitze oft fest, wenn ich darangehe, meine Wünsche zu verwirklichen. Ich gebe dann auf, mir das Glück zu verschaffen, das ich aber doch herbeiwünsche. Irgendwo im Gestrüpp der ablehnenden Energien, der Kritik, Betroffenheit und der unangenehmen Verstrickungen bleibe ich hängen. Und ich verzichte lieber, als mir noch mehr Ärger und Unangenehmes aufzuladen.

Als Kinder wurden wir auf einer ganz bestimmten Stufe von Glückserfahrung festgehalten. Es gab für uns so viel Glück, gute Gefühle, Wohlbefinden, Freude wie die konkreten Erwachsenen unserer Kindheit zulassen konnten. Dies hat seine Gründe in den Persönlichkeitsstrukturen dieser Erwachsenen, ihrer Lebenserfahrung, ihren Ängsten, ihrem Glücksstandard. Ihr Unvermögen, *unser* Glück einfach geschehen zu lassen ohne sich verstrickt, verantwortlich und geängstigt zu fühlen, bedeutete für uns das Abstecken eines schließlich unumstößlichen Rahmens. Und nur innerhalb dieses Rahmens wurde für uns Glück erlebbar.

Ich meine sogar, daß nicht nur der Rahmen ihrer persönlichkeitsbedingten Glücksschranke unsere Realität wurde, sondern daß unsere *Vorstellung* davon, wie glücklich wir eigentlich überhaupt sein können, dort festhängt. Die neue Beziehung läßt mich vermuten, daß ich – und wir alle – tausendmal glücklicher sein können als wir uns das je ausmalen können: So glücklich, so in Übereinstimmung mit uns selbst, wie wir es in den neun Monaten vor dem Landen auf diesem Erwachsenenstern mit seiner patriarchalisch-pädagogischen Unglückskultur waren, so glücklich, wie es die Menschen in der Zeit vor der neolithischen Revolution waren.

Wie fühlt sich das an? Ich weiß es nicht, ich weiß es nicht mehr. Aber tief in mir bin ich sicher, daß es noch in mir lebt, dieses Gefühl unendlichen Glücks. Und selbstverständlich kommt es uns allen zu, ein Leben auf dieser Basis zu führen, eine Kultur auf dieser Basis zu schaffen, das Paradies hier und jetzt zu erleben.

Auch in der Frage des Glücks rüttelt die neue Beziehung an fest verschlossenen Toren. Dahinter warten wir, wir selbst. Und heute haben wir die Macht, dieses gewaltige Tor zu öffnen und unseren eigenen Glücksstandard zu finden. Der Mut, zu uns zu stehen und uns zu lieben, ist die Kraft, die hilft, auch dieses Tor zu öffnen. Den Mut wiederum können wir gemeinsam mit anderen gewinnen, wenn wir Geschwister uns in Solidarität finden und mit Hilfe befreiender gruppendynamischer Prozesse immer wieder neue Revolutionen in unseren Angststrukturen durchführen.

*

das feuer meiner fantasie
vertürmt in steinerne fesseln
es birst zu mir

und in unserer glut
verlieren wir das nichts
und gewinnen das leben

*

fliegen
geht nicht
mit angelegten flügeln

sie ausbreiten
nicht darüber reden

V

1. Liebe

Jeder von uns weiß, was Liebe ist. Wir sind voll davon und werden damit geboren. Als Kinder brauchten wir die Liebe unserer Eltern zum Überleben. Um der Liebe unserer Eltern willen nahmen wir die furchtbarsten Strapazen auf uns, wurden uns selbst fremd, zu irren Monstern. Erst zu der Zeit, als unsere Fähigkeit ausreifte, selbst Leben weitergeben zu können, begann sich unser Angewiesensein auf die Liebe anderer zu lockern und konnten wir beginnen, wieder an das anzuknüpfen, mit dem wir geboren werden: Liebe zu *sein*, lieben zu können ohne Bedingung. Wir richteten unsere Liebe nun auf die, die Gleiches wie wir durchgemacht hatten, Gleichaltrige, und die sich genau wie wir danach sehnten, ohne jede Bedingung geliebt zu werden und von dieser Basis freier, schöner und würdevoller Menschen sich dem anderen zuzuneigen.

Daß dies enorme Schwierigkeiten mit sich brachte, weil alle Erwachsenenwelt uns mißtrauisch verfolgte, weiß jeder von uns. Denn wenn es uns damals tatsächlich gelungen wäre, mit dem geliebten Menschen auf und davon zu gehen, ein Leben zu begründen, das aus der Weisheit kommt, mit der wir geboren werden, wären wir für die Herrschaftskultur verloren gewesen. Es durfte um keinen Preis sein, daß sich unsere Liebe Bahn brach, und die Schädigungen, die wir bei diesem gewaltigen und vorläufig letzten Versuch wir selbst zu sein erlitten, sind wirksam genug: Sie brachten uns endgültig in das Lager der Erwachsenen, in die 10 000jährige Unkultur. Unsere Schwierigkeiten in Ehe und Partnerschaft haben hier einen wichtigen Grund.

Die neue Beziehung läßt uns auch hier neu und so uralt zugleich beginnen. Die Gefühle der ersten Liebe – von Souverän zu Souverän – die wir mit 12, 13, 14, 15 oder 16 Jahren erlebten, sind doch erst der Anfang! Was dann hätte kommen können, durften wir nie erleben, es ging unter im Strudel der Ängste, Drohungen, »verständnisvollen« Predigten, der »Katastrophe« möglicher Schwangerschaft. War es da verwunderlich, wenn wir uns dann tief enttäuscht aus unseren ersten Lieben lösten, »desillusioniert«, wie unsere Kultur rasch erklären konnte? Mit der neuen Beziehung können wir dort fortfahren, wo wir damals abbrechen mußten – niemand kann uns heute noch daran hindern.

*

wenn wir uns
als die personen
sein lassen können
die wir sein mögen
dann verschwinden
tausend und tausend
unterschiede

und
wir gehen miteinander um
wie solche
die nur noch eins kennen
sich lieben

*

wenn es dunkel wird
und es wird jetzt dunkel
dann stört mich das nicht
denn wir haben so viel
miteinander zu tun
so daß wir bis zur morgenröte
flüstern und heimlich sein können

alle tiere sind jetzt hörbar
wir können sie fühlen
und wir verwandeln uns
in dieser liebevollen dunkelheit
wieder einmal

*

endlos wandern
endlos flüstern
endlos bei mir sein
endlos bei dir sein

mit geschlossenen augen
und offenen herzen
geben wir uns
der dunkelheit hin

die wärme in uns
macht uns leben
läßt uns
wandern
flüstern
bei uns sein

2. Solidarität

Die neue Beziehung läßt sich gut gemeinsam mit anderen Erwachsenen erlernen, die wie wir ein Erziehungsschicksal hinter sich haben. Wie wir erlebten sie, daß ihre Selbstliebe nicht geachtet wurde, daß sie immer mehr von sich abrücken mußten. Wie uns wurde ihnen in der Zeit der sexuellen Reife der letzte große und das Erziehungsschicksal besiegelnde Felsbrocken auf die Blume ihrer Fähigkeit geworfen, sich und andere zu lieben. Wenn wir mit Schicksalsgefährten im Kreis zusammensitzen, läßt sich vieles überhaupt erst ansprechen und aussprechen. Diese Solidarität ist eine wichtige Ermutigung, die damaligen Schrecknisse erneut anzugehen – diesmal nicht mehr allein und hilflos ausgeliefert, sondern nun unterstützt von Gefährten.

Je länger wir in einer solchen Gruppe miteinander zu tun haben, desto mehr schwingt etwas von dem, was wir als junge Menschen zwischen uns und unseren Geschwistern und Spielkameraden spürten, wenn uns die Erwachsenenwelt mit Gift und Galle gegenübertrat. Wir wußten damals alle zusammen, daß wir im Recht waren, auch wenn die sich aufspielenden Erwachsenen die reale Macht innehatten. Sie hatten nicht das Recht, mit uns so demoralisierend und gemein zu verfahren! Und wir wußten auch, daß wir alle so fühlten. Aber es kam nur sehr selten zu einer gemeinsamen Aktion gegen diese Unterdrückung. Heute, im Kreis der endlich wiedergefundenen und wie wir groß gewordenen Geschwister können wir dieses unser Wissen aussprechen und uns umsehen: niemand tritt uns heute mehr zu Boden. Eingehakt in den Arm der Geschwister bewerten wir die damals erlittenen Demütigungen noch einmal und erleben, wie uns dies befreit. Miteinander entdecken wir wieder, daß wir alle Macht bei uns haben. Macht, Vergangenes offen in unserem Sinn zu sehen, und Macht, jede Revolution in der gegenwärtigen Normenwelt zu führen, die wir für richtig halten. *Uns, uns selbst* gehört das Leben, denn wir, wir selbst sind Leben.

Diese solidarischen Gefühle ermutigen uns, uns selbst immer mehr zu vertrauen. Wir erleben mit, wie sich die anderen aus ihren alten Fesseln lösen und sich zu ihrem Ich befreien. Dies hat ermutigende

Wirkung auf uns selbst: Wir erkennen, daß dies ja alles tatsächlich geht, daß nicht nur wir in unserem subjektiven Hin und Her unsicher und schwankend den Aufbruch versuchen. Dies ist die existentielle Situation von anderen auch. Es kostet viel Energie, allein vorzupreschen, und es ist hilfreich, wenn andere mitmachen.

Wenn etwa ein anderer davon berichtet, wie schwierig für ihn das Herauslösen aus den alten Strukturen ist, wenn er von seiner Angst erzählt, was ihm alles widerfahren könnte, so können wir ihn wissen lassen, daß wir immer auf seiner Seite stehen. Er kann sich an uns erinnern und an unsere Gemeinsamkeit, den neuen Weg zu gehen. Wir können den anderen sagen, daß wir bei ihnen sind, wenn sie in Not geraten. Wir alle können uns gegen die alten Stimmen in uns verbünden und ihnen dann, wenn sie mächtig über uns hereinbrechen, unsere neuen Stimmen entgegensetzen. Den alten Ängsten begegnen wir mit solidarischer Geschlossenheit.

*

erfahre ich dich als kind
bin ich selbst kind

und wir fliegen
in das land
ohne zukunft und vergangenheit

und das
einfach-so
und das
mach-doch
und das
komm-mit
sind unsere zauberworte

3. Gruppendynamik

Neben der aus solidarischen Gefühlen kommenden Ermutigung und Befreiung ermöglicht uns ein Kreis Vertrauter, unsere Kenntnis über das gefühlsmäßige Verstehen von uns selbst und anderen wiederzuerlernen. Wir erleben, daß wir immer mehr Zugang zur Selbstliebe der anderen finden, und wir spüren, wie sie zunächst zögernd, aber doch sehnsüchtig und machtvoll sich selbst wieder zu lieben beginnen. Mitzuerleben, wie das Selbstliebefeuer bei den anderen wieder aufflammt, ist eine große Hilfe, um unsere eigene Selbstliebe mehr und mehr zu spüren. Und wenn wir etwas von uns berichten und dabei das Vertrauen und die Zuneigung der anderen spüren, wenn wir sehen, daß sie uns tatsächlich die sein lassen können, die wir sind, so können wir uns immer weiter erkunden und uns immer sicherer sein, daß wir nie mehr den Glauben an uns verlieren werden. Wir spüren, wie die Selbstliebe wieder energievoll in uns lebt.

Wie befreiend kann diese Art der Gruppendynamik sein? Viele Ablösungen aus den von Geburt an eingeprägten pädagogischen Mustern werden wahrscheinlich nur mit antipädagogischer Gruppendynamik möglich sein. Die in ihr realisierte antipädagogische Gegenerfahrung im Kreis solidarischer geschwisterlicher Erwachsener ermöglicht Erfahrungen einer neuartigen Qualität: Erstmals im Leben kann der Gruppenteilnehmer erwachsene Menschen mit Frieden und Solidarität *als Basisgefühl* assoziieren. Erstmals schwingt nicht mehr die unterschwellige Angst vor Demoralisierung, Entmündigung, Herrschaft und existentieller Bedrohung durch den anderen Menschen – den anderen erwachsenen Menschen – mit. Diese Angst war für jeden von uns ein Kinderleben lang Realität und hat unsere Sicht vom Erwachsenen – fast – unaufhebbar geprägt, und dies gilt selbstverständlich auch dann noch, wenn wir jetzt selbst erwachsen sind. Erst mit Hilfe solcher antipädagogischer Gruppendynamik erfahren wir die Realität: *Es gibt den Bösen und das Böse nicht.*

Eine solche Gruppe kann viele Entwicklungen durchlaufen und die verschiedensten Formen annehmen. Sie kann in ihrer ursprünglichen Form – wie sie sich beispielsweise als Anschlußgruppe an einen Informationsabend über die neue Beziehung bildet – lange Zeit fortbestehen. Sie kann sich zu einer familiären Gruppe wandeln, in der man sich trifft, wann immer es sich ergibt, auch mit dem Partner und den Kindern. Sie kann als Gruppe formell beendet werden und in Einzelkontakten fortbestehen. Sie kann sich besonderen Themen widmen, z. B. Sexualität, Schule, Beruf. Sie kann in veränderter Besetzung neu beginnen. Sie kann ganz einfach auch aufhören.

Es ist immer so, daß die Teilnehmer so viel aus dem Gruppengeschehen mitnehmen, wie es ihrer jeweiligen Situation entspricht, und es gibt dabei keinen Erfolgsdruck. »Wir kommen zusammen und sehen mal, was sich ergibt. Wir stehen alle auf demselben Boden, der Philosophie der neuen Beziehung, und wir werden sehen, wohin es uns heute bringt.« Dabei wissen die Teilnehmer, daß nur diese offene Einstellung dem Gruppenprozeß gegenüber – die eine Konsequenz ihrer antipädagogischen Grundüberzeugung ist – die Chance für ihr emotionales Lernen gibt. Wobei tatsächlich offen ist, ob sich dann für den einzelnen ein Fortschritt ergibt. Es ist wie in einer echten Abenteuersituation: Man weiß nicht, wie es ausgeht, und selbstverständlich kann es auch Schmerz bringen, was in einer solchen Gruppe geschieht. Nur, daß Schmerz nicht mehr ängstigt, sondern daß klar ist, daß Schmerz sehr hilfreich sein kann. Der konstruktive Geist der Gruppe trägt alle, und eigentlich findet so immer Lernen statt.

Die Effektivität solcher »Abenteuerfahrten«, wie wir diese Gruppendynamik auch nennen, liegt darin, daß sie uns im Stadium der Neuorientierung hilft, den gerade ertasteten Weg sicherer zu spüren. Es ist die wichtige Hilfe bei den ersten Schritten. Und sie besteht ja nicht im besorgten Festhalten, damit man nicht hinschlägt, sondern in Anteilnahme, Nähe und dem Unterstützen bei Angst und anderen schlimmen Gefühlen. Jeder einzelne bedient sich der therapeutischen Potenz der Gruppe zu seinem Nutzen. Das Stadium der Neuorientierung dauert dabei für den einen vielleicht drei Monate, für den anderen drei Jahre und für den dritten drei Stunden. Es hat sich jedenfalls gezeigt, daß diese emotionalen Gruppen für das Erlernen der neuen Beziehung sehr hilfreich sind, und wo ihre Grenze in bezug auf die Befreiung aus dem Erziehungsschicksal liegt, läßt sich heute noch nicht übersehen. Sie sind bislang das Wirkungsvollste, was ich auf diesem Gebiet kenne, und als Selbsthilfegruppe den traditionellen therapeutischen Gruppen mit einem Leiter und einem Programm überlegen.

Es ist im übrigen auch so, daß es niemals einen Anspruch an die Gruppe oder einzelne Teilnehmer gibt, etwa ein » du *mußt* mir aber jetzt helfen«. Ein solches Statement kann Ausdruck der Not sein, und je nach der Energie in uns werden wir uns dieser Not annehmen. Aber wir sind nicht dazu verpflichtet, und jeder, der zur Gruppe kommt, weiß und billigt dies. Die Freiwilligkeit und die antipädagogische Grundlage, ergänzt – soweit es jeder kann – um die Rogers-Größen »Akzeptanz«, (ich nehme dich an, wie du bist), »Kongruenz« (ich kann unverstellt ich selbst sein) und »Empathie« (ich versuche, in deine Gefühlswelt einzuschwingen) machen die Schubkraft dieser Gruppen aus.

Als Kinder fühlten wir immer wieder unsere Ohnmacht. Wir konnten einfach nichts gegen die übermächtige Erwachsenenwelt ausrichten. Immer wieder unterlagen wir, und immer wieder nahmen wir hin, zu unterliegen. Unsere rebellischsten Stürme gegen die Angriffe auf unser Selbst führten doch nie dazu, daß wir offen und realisierbar zu uns stehen konnten. Heute nun ist uns dies möglich, und zur Eroberung dieser Möglichkeit hilft uns eine Gruppe gleichgesinnter mit uns erwachsen gewordener Geschwister. Niemand, so wissen wir alle, kann uns tatsächlich unterlegen *machen. Wir* entscheiden, ob wir etwas als Niederlage erleben oder nicht. Allen Zwängen und Einflußnahmen von außen können wir heute unser in uns ruhendes Ich entgegensetzen. Die Erfahrung, daß es andere gibt, die dies auch so sehen, und mit denen wir dies gemeinsam besprochen haben, stützt uns. Und dieser neue Weg wiederum läßt uns mit den Einwirkungen und Zwängen von außen selbstbewußt und im Wissen um unsere personale Macht umgehen. Das gesellschaftliche Feld ist ein riesiges Betätigungsfeld, und die soziale Energie unserer Ichliebe erfährt dieselbe Befreiung. Unsere neue innere Freiheit wirkt nach außen.

*

ich möchte
ein platz sein
für tiere
die netze fliehen

und so oft
ich selbst
netz bin
wünsche ich
wind zu sein

*

wenn du dich
sanft und vorsichtig bewegst
und mir zeit läßt
auf das zu achten
was dann bei deiner bewegung
in mir geschieht
dann
fließe ich warm und pulsierend
wie ein wasservulkan
und entdecke
was aus der dunkelheit in mir
überfließt

4. Zuhören

Eine wichtige Eigenschaft der neuen Beziehung ist die Entwicklung unserer Fähigkeit, den anderen in seinen Befindlichkeiten und Gefühlen wahrzunehmen. Nicht lediglich das zu beachten, was er »objektiv« sagt oder physikalisch tut, sondern auf das zu achten, was ihm sein Sagen und Tun bedeuten, welche Gefühle in ihm sind, wenn er dies oder jenes sagt und tut.

Um die Gefühle des anderen mitzubekommen, können wir eine

bestimmte Art des Hörens wiedererlernen: Durch intensives Hinhören aufnehmen, wie es sich im anderen regt, wie es ihm geht, was er eigentlich sagen will. Ich meine, daß uns der Weg über die akustische Wahrnehmung wieder gut zur Gefühlswelt des anderen bringen kann, weil wir als sehr junge Menschen in dieser Kommunikationsform lebten und darin Experten waren. Sicher konnten wir die Worte der Erwachsenen nicht verstehen, aber wir nahmen ihre akustischen Signale auf. Und wir lernten, wie sich ihre Befindlichkeit in ihren Stimmen ausdrückt, in der Klangfarbe, der Tiefe und Höhe, der Schnelligkeit usw. Die Musik der anderen war dauernd um uns – eine Musik der Gefühle.

Mit der Zeit verlernten wir unsere Sensibilität, den anderen durch das Hören zu verstehen. Es galt dann, zu begründen und dem anderen über den Intellekt zu begegnen. Die Schule etwa hatte uns da fest im Griff. Heute aber können wir wieder merken, daß wir ja sehr intensiv im Zuhören lebten und gut wußten, was der andere mit seinen Sätzen, Begründungen und sprachlich logischen Gebilden tatsächlich *von sich* mitteilte. Wer sich einmal diesen Zusammenhang bewußt gemacht hat, kann mit dem Hören auf das Eigentliche beginnen.

Wenn ich so intensiv hören will, konzentriere ich mich zunächst einmal auf mich selbst. Dies dauert nicht lange, aber ich mache es intensiv. Es geht sogar dann, wenn der andere bereits losgelegt hat mit dem, was er mir sagen will. Ich höre dann einen Moment an ihm vorbei und *mir* zu, ich fühle, wie es mir geht und ob ich überhaupt bereit bin, intensiv zuzuhören. Falls das der Fall ist, bleibe ich noch einen Moment bei mir und fühle, wie Ruhe und Energie in mir strömen. Aus dieser Tiefe in mir richte ich dann meine Aufmerksamkeit wieder auf den anderen. Ich höre seine Worte und die Logik seiner Gedanken, aber ich achte auf die Musik darin. Wenn ich auch jederzeit sachbezogen antworten könnte, so bevorzuge ich dann doch, ihm etwas von dem mitzuteilen, was ich von ihm als Botschaft seines Selbst gespürt habe. Das Gespräch, das sich daraus ergibt, ist meist für uns beide viel fruchtbarer.

*

rufen geschieht immer
hören geschieht selten

wenn ich rufe
höre ich nicht

wenn ich höre
rufe ich auch

niemand ist zu überhören

*

dich hören
schön und schwierig

wie geht das:
hören

ich bin bei mir
und so
bei mir
richte ich mich
zu dir hin
ohne von mir wegzugehen

5. Stimmenmusik

Unsere Sprache beinhaltet Aussagen, die wir mit dem Intellekt
aufgreifen und weitergeben. Wir befinden uns dann im Zirkel der
Logik, den uns die Sprache vorgibt. Durch das intensive Hören
können wir jedoch auf eine andere Ebene der Wahrnehmung vorsto-
ßen. Wenn wir sprechen, geben wir nicht nur die Inhalte unserer
Mitteilungen weiter, wie dies auch aufgeschrieben geschehen
könnte. Wir teilen auch etwas über unsere Befindlichkeit mit, über
die Person, die da spricht. Abgesehen von dem logischen Austausch
ist unser Sprechen ein akustischer personaler Austausch, Musik, die

die eine Person an andere Personen sendet, unabhängig von der Logik der Sprache, parallel zu ihr.

Luft streicht über unsere Stimmbänder und ruft Töne hervor, die das Ohr des anderen erreichen. Diese Töne klingen nun ganz danach, wie das Instrument beschaffen ist. Da das Instrument, unsere Stimmbänder, ein Teil von uns ist, ruft es Töne hervor, die uns selbst mitteilen. Wenn wir etwa gestreßt sind, läßt sich dies an den Tönen hören. Oder wenn wir glücklich sind, traurig, verstellt, ärgerlich usw. Unsere Stimmbänder nehmen die Spannungen und Energien, die in uns gerade aktuell sind, auf, denn sie sind Teil unseres Organismus. Und die Luft, die wir zum Schwingen bringen, trägt dann unsere momentane Gefühlssituation zum anderen. Seine Sache wiederum ist es, *dies* zu hören und die Konzentration nicht nur oder vielleicht überhaupt nicht auf die Sprachlogik zu richten, je nachdem, was man gerade mitbekommen will.

Junge Menschen haben, je jünger desto mehr, noch einen unverstellten Umgang mit ihren Gefühlen. In ihrer Sprache ist somit auch viel deutlicher ihre Befindlichkeit zu hören als bei erwachsenen Menschen. Die Stimmen der Kinder teilen uns deutlich mit, was sie fühlen, wie es ihnen geht, wer sie wirklich sind.

Die Nähe am Ich, die Nähe zur Selbstliebe schwingt immer in den Stimmen der Kinder. Da wir dieser Nähe entfernt sind, sie jedoch herbeisehnen, hören wir seltsam magisch berührt auf die Stimmenmusik der Kinder. Und immer wieder greifen wir ein, wenn sie in ihre Stimme zu viel von sich selbst, zu viel Gefühl hineinlegen – was ihnen ja selbstverständlich ist. Der Schmerz unserer Kindheit, den wir erlitten, als uns der Zugang zu unseren Gefühlen und damit zu unserem Selbst verboten wurde (weil die Erwachsenen unserer Zeit dies ihrerseits aus denselben Gründen nicht mitanhören konnten), würde uns einholen, wenn wir die Kinder vor uns einfach ihre Gefühlswelt leben ließen. »Nicht so laut«, »heul nicht schon wieder«, »hör mit diesem Gelache endlich auf«, »schrei nicht so«, »laß diese Töne«. Die neue Beziehung zeigt uns hier einen Weg, auch diese Dinge geschehen zu lassen, indem wir wieder darum wissen, daß Musik in den Stimmen der Menschen ist, Musik, die eine Begegnung von Person zu Person ermöglicht. Und Schmerz etwa, den dies in uns wieder wachruft, können wir annehmen und uns von ihm zu verschütteten Geheimnissen in uns führen lassen.

*

ich aber lebe
und bin bunt
voller klänge
und bewegung

das bleierne grau
von anderen
hat mich
starr und zugedeckt
gemacht

innehalten und hören
diese zaubermittel
zersetzen die starre schicht
und befreien mich
und alles strahlt

6. Funkenflug

Die neue Beziehung ist nicht allein mit intellektuellen Möglichkeiten, also mit Argumentieren, Diskutieren, logischen Beweisen zu erfassen. Den Sinn erfaßt das Gefühl. Aber für viele wird das intellektuelle und auf Distanz bedachte Erörtern die einzige Art ihres Umgangs mit der neuen Beziehung sein. Unser intellektuelles Vermögen ist wie eine Sonde, mit der wir das abtasten, was sich da »tief in uns« tut, und dies teilen wir dann als abstrakte und logische Information mit. Diese Möglichkeit besteht, aber es gibt eine deutliche Grenze, wenn man »nur« mit intellektuellen Mitteln die neue Beziehung zu verstehen versucht.

Wenn wir uns über den Stellenwert des Intellektuellen beim Erfassen der neuen Beziehung keiner Täuschung hingeben und nicht meinen, wir könnten sie allein schon mit dem Verstand begreifen, tun wir den ersten Schritt, um wirklich zu verstehen, um was es geht. Das echte Verständnis für die neue Beziehung setzt voraus, gefühlsmäßige Aussagen als Wahrheiten zu akzeptieren. Wir hören in uns und lassen dort, in uns, jenseits intellektueller Schlüsse, ein Urteil entstehen. Dies ist ja nichts Außergewöhnliches, wir tun es immer wieder in unserem Leben, wenn wirklich uns als Person angehende Dinge entschieden werden müssen. Eine theoretische Fachsimpelei kann natürlich jeder über die neue Beziehung anstellen – aber ihrem Gehalt wird er so nicht nahe kommen. Eine rein intellektuelle Beurteilung emotionaler Dinge ist im übrigen ebenso verkehrt wie eine rein emotionale Beurteilung z. B. physikalischer Zusammenhänge. Allerdings sind wir durch eine einseitig naturwissenschaftlich ausgerichtete Sicht vom Menschen gewohnt, auch an Gefühlsangelegenheiten mit Stoppuhr und Meterband heranzugehen, mit Logik und Abstraktheit. Korrekt und angemessen ist dies nicht, auch nicht wissenschaftlich, da wissenschaftliche Methodik stets exakt auf den Forschungsgegenstand passen muß: und Personen sind nicht mit Abstraktion zu erfassen. (Weiterführend hierzu z. B. Ronald Laings Ausführungen zur Personologie in seinem Buch »Das geteilte Selbst«. Zur Wissenschaft s. S. 147 ff.).

Wenn ich anderen etwas von der neuen Beziehung mitteile, weiß ich um diese Dinge. Und ich versuche dann stets so etwas wie eine emotionale Vermittlung (deswegen habe ich hier im Buch auch die »poetischen Protokolle« aufgenommen). Wenn ich mit Menschen zusammen bin, geschieht das durch meine Konzentration auf mich, durch meine Ehrlichkeit, durch meine Wärme, durch Blickkontakt und vieles, was zwischen Menschen eben geht. Und es ist dann, als ob Funken von mir auffliegen wie von einem großen Feuer, dem unendlichen Feuer meiner Selbstliebe. Und es kann geschehen, daß diese Funken auf die eingedämmte Glut Deines Feuers fliegen und Dir helfen, es wieder zu entfachen.

*

woher kommt unsere unfähigkeit
uns in vögel
steine
oder andere menschen
zu versetzen
wenn nicht daher
daß wir stets
in abstraktem umherirren
uns verlieren

im fragen danach
was ein vogel ist
was ein stein ist
was der andere ist
was wir sind

wir steigen auf in eine welt
die uns in ihrer
irrealität
real wird

*

ich bin in das land
der verzweifelten
und einsamen
gereist
und entdecke
unter dem schutt ihrer öde
buntes leben

ich sage ihnen davon
und zeige ihnen meinen weg
bunten frieden zu leben
aber ich beherrsche sie nicht
und reise auch wieder ab

aber mir liegt an ihnen

VI

1. Eingangstür

»Einiges finde ich ganz gut, anderes nicht, ich muß mal sehen, was
ich davon übernehme« – wer so denkt, tut das Richtige für sich. Und
nichts ist richtiger. Allerdings kann so jemand nicht berechtigter-
weise sagen, er realisiere die neue Beziehung. Denn diese stellt
bestimmte Anforderungen.

Es ist, als ob eine große Eingangstür aufgestellt wäre. Und wer
hindurch will, muß bestimmte Bedingungen erfüllen. Wer sie nicht
erfüllt, kann wie von Zauber gebannt nicht durch dieses Tor
schreiten.

Ich kenne Menschen, die nur einzelne Aspekte der neuen Beziehung
gut finden und die sagen, sie würden eben durch andere Tore gehen,
und ich könne ja nur die für mich gültigen Bedingungen erkennen.
Vielleicht haben sie recht. Ich kann niemals für andere sprechen und
respektiere die Weisheit anderer. Aber ich habe auch Respekt vor
meiner Weisheit. Und diese sagt mir, daß es unverzichtbare Bedingungen für das Verwirklichen der neuen Beziehung gibt: den Menschen als vertrauenswürdigen Organismus ansehen, sich selbst lieben, den pädagogischen Kernsatz »ich weiß besser als du, was für
dich gut ist« aufgeben, Oben-Unten-Denken im Bereich menschlicher Beziehungen ablegen, offen sein für die eigene Gefühlswelt
und die der anderen. Es kann gut sein, daß es noch andere Essentials
gibt, die ich noch nicht kenne und die mir zeigen würden, daß auch
meine Eingangstür noch sehr fehlerhaft ist. Aber sie ist die beste, die
ich kenne, nicht weniger. Und diese stelle ich hier vor.

*

mein weg
ist immer schon da

es liegt an mir
ob ich ihn gehe
oder ob ich an fremden
orten verharre

2. Andersdenkende

Gelegentlich sind mir Menschen, die nichts von der neuen Beziehung wissen wollen, zu anstrengend. Dann kann ich gut für mich sorgen: entweder gehe ich fort von ihnen oder ich bringe mein Unbehagen so deutlich zum Ausdruck, daß sie gehen, bevor ich gehe.

Die Wehr gegen die anstrengenden Andersdenkenden ist oft unumgänglich. Denn wir haben uns ja gerade erst aufgemacht, alte Bahnen zu verlassen. Dies ist ein schwieriger und gerade zu Beginn mit Ängsten verbundener Prozeß. Wenn nun jemand der alten Kultur anwesend ist, kann es vorkommen, daß alte Normen in uns sich dermaßen gestützt fühlen, daß es in uns unerträglich zu rumoren beginnt. Daß wir zum Beispiel wieder alte Verunsicherung spüren, daß wir wieder in die alten Denkbahnen gezerrt werden, daß sich auf einmal wieder der bekannte Gefühlsbrei einschleicht, der Schuldgefühl heißt. Wer sich zur neuen Beziehung aufmacht, ist zwar in seiner grundsätzlichen Entscheidung klar und nicht mehr umkehrbar. Denn ohne diese Radikalität wird kaum jemand die neue Beziehung überhaupt erfassen. Doch die Umsetzung der neuen Denk- und Gefühlswelt in die Praxis ist etwas anderes. Dies geschieht langsam, und die alten Dinge kommen einem da oft genug in die Quere.

Auch im Umgang mit Andersdenkenden gilt, daß es um uns geht. Wenn uns jemand zuviel wird, können wir dies sagen. Man müsse doch mit jedem reden, ist altes Anspruchsdenken. Und wenn wir uns abwenden, geschieht es, weil es *uns* zuviel wird, und nicht, um den anderen zu verletzen.

Wir werden aber auch für die Andersdenkenden gesprächsbereit sein. Wir werden sie getrost in ihrer Art sein lassen können, wenn sie vehement gegen unsere neue Position anrennen. Warum sollte unsere Sympathie nicht auch für die zu schwingen beginnen, die mit uns nicht einverstanden sind? Warum sollen wir Kritiker und entschiedene Ablehner der neuen Beziehung nicht mögen können? Unsere Sicherheit wächst, je länger wir in der neuen Beziehung leben, und nach einem verunsichernden Anfangsstadium erhalten wir durch die neue Art Energie genug, um uns auch für Andersdenkende offen zu halten. Auf der anderen Seite gibt es aber hierfür keine Verpflichtung, und ein jeder wird selbst sehen, wie er mit diesen Menschen umgehen will.

*

ich habe so eine angst
vor dem schmerz
der in mir geschieht
wenn andere
mich nicht ich sein lassen

*

gehen wir?
wir gehen

sollen wir gehen?
nein
wir gehen

3. Rücksog

Die neue Beziehung wirkt den vernichtenden Tendenzen der patriarchalisch-pädagogischen Kultur entgegen. Die Zersetzung der Ichliebe wird gestoppt, ja, im Gegenschwung beginnt sie wieder zu wachsen. Die neue Beziehung ist etwas ansteckend Gesundmachendes – im Gegensatz zur pädagogischen Krankheit. Die neue Beziehung macht uns selbst wieder stark und läßt sich über Funkenflug auf andere übertragen.

Doch bei aller Entschlossenheit, den neuen Weg zu gehen, werden wir immer wieder wie von einem Rücksog gepackt und finden uns auf einmal in den alten Denkbahnen, Argumenten und Gefühlen wieder. Ein nur allzu bekanntes Gemisch aus Angst und Schuldgefühlen hat uns dahin geschleudert.

Es gehört wohl einfach zur Befreiung dazu, in alte Fallgruben zu fallen oder vom Rücksog erfaßt zu werden. Unser Wissen um diese Dinge nimmt uns die Angst davor. Der Rücksog wird auch wieder aufhören, und stärker als vorher gehen wir dann unseren neuen Weg. Wer die neue Beziehung einmal akzeptiert hat, wer wieder ja gesagt hat zu seiner Ichliebe, hat einen nicht mehr umkehrbaren Prozeß in Gang gesetzt. Die Wasserscheide ist überschritten, und bei allen Stauseen, die mühsam aufgefüllt werden müssen, ist klar, daß unser Fluß immer größer wird.

Eine besonders unangenehme Erscheinung des Rücksogs ist das »Gelähmtsein«. Wenn wir einfach nicht weiterkommen mit uns und der Befreiung aus den alten Normen. Es ist ein Stadium der Passivität. Wir sind dann aggressiv, unzufrieden und stumpf, lahm, müde und haben zu nichts Lust. Es geht irgendwie nichts mehr und es scheint, als ob der neue Weg ganz und gar zugebaut ist. Ein solches Stadium kann kurz aber auch recht lang dauern, mitunter Monate. Wenn wir dann eines Tages bemerken, daß wir in einer so niederdrückenden Stimmung stecken, beginnt endlich der Umschwung. Wir erkennen wieder, was mit uns los ist und sind diesem Geschehen nicht einfach ausgeliefert. Und wir können uns aufmachen und bei anderen Hilfe holen. Die Zeit bis zu diesem Merken ist jedoch schmerzlich und voll Lähmung. Doch auch in diesem Vorgang liegt ein Sinn. Es wird vielleicht so sein, daß unser Organismus diese Phase des scheinbaren Stillstandes benötigt, um die zur Weiterentwicklung notwendige Energie zu sammeln. Jede Gesundung benötigt viel Energie, auch die Gesundung von der pädagogischen Krankheit, von der Zersetzung der Ichliebe. Und nichts muß uns hindern, auch diesen unangenehmen Erscheinungen zu vertrauen und darauf zu setzen, daß ein Sinn in ihnen liegt.

Vor allem sind es Ängste, die uns lähmen. Daß wir uns unmöglich benehmen, daß wir verantwortungslos sind, daß wir es nie schaffen, daß wir nur wichtige Beziehungen zerstören, daß dies doch sowieso alles nicht geht. Doch natürlich sind auch die Ängste Teil unserer Weiterentwicklung, und es wäre hilfreich, sie auch so zu verstehen: Die Furcht vor den Ängsten können wir uns sparen. Die Ängste werden kommen – und sie werden wieder gehen. Wenn wir uns die

Zeit nehmen, in Gruppensituationen die Ängste der anderen mitzuerleben, dann können wir sehen, wie sie kommen, verweilen und
auch wieder gehen. Ruhige Überlegung wird sicher nicht in uns sein,
wenn wir voll Angst sind. Dann ist Angst in uns, schmerzvoll erlebte
Verwirrung. Aber wir können uns darauf vorbereiten, und wir
können in der Zeit der Not zu den Vertrauten gehen und uns von
ihnen stützen lassen. Die Kraft, wir selbst zu sein, ist nach solch
scheußlichen Fegefeuern größer – und eigentlich ist es ja auch ganz
selbstverständlich, daß in uns gewaltige Kämpfe zwischen der alten
und der neuen Position stattfinden und daß das Abstoßen der alten
Auswüchse aus unserem Organismus nicht leicht ist.

*

und wenn
dunkle und scheußliche
dämonen
mit ihrem gelächter
und heiserem einflüstern
mich
dir
entfremden
oh
wie sehr
brauche ich dann
gerade deinen arm
deine liebe und kraft
um den weg
zu dir
nicht zu verlieren

4. Sicherheit

Viele Verunsicherungen kamen bisher vor allem aus der ständigen
Überlegung, ob man denn wohl o.k. ist, ob man das Richtige getan

hat und was die anderen sagen werden. Wer mit der neuen Beziehung seine Selbstliebe wiederentdeckt, hat endlich den Grund gefunden, von dem aus sich solche unsicheren Gefühle ablegen lassen.

Ganz allgemein werden mit der Ruhe und Gelassenheit der neuen Beziehung die Alltagserscheinungen entdramatisiert. *Wirklich* wichtig bin ich, ist mein Leben. Und mal sehen, was es dann noch gibt. Es entsteht eine ganz neue Art der Neugierde: Alles um uns herum ist voller wunderbarer Möglichkeiten, uns selbst immer wieder anders zu erfahren. Mit dieser Art des Weltbegreifens wurden wir geboren, wir können sie nun endlich realisieren. Die Erscheinungen der Welt haben ihre Schrecken verloren, die unsere Kultur ihnen andichtete. Ich bin der Mittelpunkt des Universums – und von dieser Warte aus kann ich gelassen auf das sehen, was sich um mich herum tut. Und ich habe es nicht mehr nötig, mit Voreingenommenheit, Angst, Unsicherheit und all diesen entfremdeten Eigenschaften zu reagieren.

Durch diese Sicherheit erleben wir mehr Realität, statt mit den uns eingepflanzten irrealen Interpretationen vorbeizusehen an dem, was sich vor uns abspielt. Wenn wir beispielsweise der Erscheinung »Gewalt« ihre angedichtete Dramatik absprechen, können wir erkennen, wie es um den Menschen beschaffen ist, der zur Gewalt greift. Wir können Zugang finden zur Wirklichkeit dieser Person und *von dort aus* – und nicht von der abstrakten und irrealen Dramatikinterpretation der Gewalt aus – in gewaltsames Geschehen eingreifen: Wir verstehen, was der andere will, wo seine Not begründet liegt, die ihn zur Gewalt führt. Und wir können durch eine personale Begegnung dazu beitragen, daß sich seine – und damit auch unsere – Situation bessert. Wir reagieren auf den *Kern* der Erscheinung, die in den Menschen liegt, nicht aber mehr nur auf die patriarchalisch-pädagogischen Interpretationen ihres Verhaltens.

Ruhe und Gelassenheit gilt allen Erscheinungen des Lebens gegenüber, auch dem, was sich in uns selbst ereignet. Wir setzen darauf, daß sich der Sinn, der in uns lebt, konstruktiv entfaltet. Und wir setzen auch darauf, daß diese Art zu leben nicht nur für den einzelnen hilfreich ist, sondern auch für das Gemeinwesen, für die

Art, wie wir miteinander leben. Ichliebe ist sicherer Boden für Solidarität und soziales Engagement. In jedem von uns ruht unendliche Friedensenergie – mit der neuen Beziehung setzen wir sie frei.

*

vertrauen auf das
was geschieht
unsichtbar und allgegenwärtig
innehalten und innewerden
es geschieht

*

ich lasse es geschehen
und habe in mir das universum

5. Verändern

Wenn ich die neue Beziehung verwirkliche, spüre ich Kraft und Energie in mir. Ich merke dann auch, daß ich mich verändere. Daß ich heute Schmerz anders erlebe als früher, daß ich meine Aggressivität und meinen Streß anders erlebe, usw. Wenn ich alle Kraft in mir sich zentrieren lasse und dabei *nicht* Energie für das Verändern-*wollen* abzweige, wenn ich also immer mehr ich *bin* statt mich zu bemühen, es zu werden – dann strömt die so gesammelte Kraft in die Winkel und Nischen meines Ichs, wo sie tatsächlich gebraucht wird. Ich lasse Veränderungsenergie sich in mir frei entfalten, ohne sie zu dirigieren.

Die selbstorganisierte Veränderungsenergie läßt sich gut mit den weißen Blutkörperchen vergleichen, die auch selbst und aus ihrer Weisheit heraus das tun, was dem Organismus dient. Wenn ich meiner Kraft vertraue, wenn ich meinem Organismus vertraue, wenn ich mir vertraue – wenn ich mich liebe, so wird mich dies dahin entwickeln, wo ich wirklich jeweils bin. Es ist nicht nötig, dies zu wollen, solches Wollen kostet nur Energie und blockiert den Vorgang der Selbstorganisation. Und selbstverständlich ist es völlig unsinnig, dies zu *sollen* – wie es die pädagogische Geisteshaltung grundlegend fordert.

Ich muß mich nicht verändern, ich soll mich nicht verändern, ich will mich nicht verändern: *Ich verändere mich.* Zu mir selbst gelange ich nicht mit Wollen, sondern mit Vertrauen. Selbstliebe kann man nicht wollen (oder gar irgendwie machen). Sie findet in uns statt, wenn wir uns dies gestatten, wenn wir den Mut aufbringen, o.k. zu uns zu sagen.

*

auf dem weg
zu mir
gehe ich seltsame wege

wenn ich stark genug bin
ihnen zu folgen
ohne ihr ziel zu kennen
dann
werde ich mich
finden

6. *Energie*

Ich spreche oft von »Energie«. Damit versuche ich etwas zu beschreiben, für das ich sonst keinen passenden Namen habe, von dem ich aber sehr wohl weiß und fühle, daß es dies gibt.

Wenn Gefühle in mir auftauchen, zum Beispiel wenn ich in Wut über dich gerate oder wenn du mich in den Arm nimmst, dann erlebe ich »Etwas« in mir: Aufregung, Anstrengung, Lockerheit usw. Dieses »Etwas« spüre ich mit meinem Körper: da ist »Etwas« in mir, das sich in mir ausbreitet und mir mein Herz klopfen macht und meine Hände zittern läßt. Dieses »Etwas« nenne ich Energie. Da ich mich sensibel für die Gefühle in mir gemacht habe, merke ich immer rascher, wie die Energie in mir fließt. Und ich merke auch rasch, wie deine Energie fließt.

Energie in mir kann von dir wahrgenommen werden, so wie ich auch deine irgendwie spüre oder mitbekomme. So, als strahltest du tatsächlich physikalisch meßbare Dinge aus, die ich wie die Wärme der Sonne körperlich erfahre. Die psychischen Energiestrahlen sind jedoch nicht physikalisch meßbar mit irgendeinem technischen Meßgerät. Aber sie sind von mir, einem Wesen mit ebenfalls psychischer Energie, wahrnehmbar. Als Personen können wir uns *so* wahrnehmen. (Maschinen erfassen dies nicht, natürlich nicht.)

Je länger wir in der neuen Beziehung leben, desto mehr schwingen wir ein in die Wahrnehmung unserer Energien. Das Verstehen der Welt meiner Gefühle und der Welt deiner Gefühle ermöglicht uns eine Kommunikation, die wir uns bisher nur in Ansätzen vorstellen können. Je mehr wir fähig werden, einander mit Empathie zu begegnen, desto mehr Realität erfassen wir voneinander. Je mehr wir uns verstehen, desto mehr können wir uns lieben. Und je mehr wir uns lieben, desto sicherer erreichen wir den Frieden.

*

was vertrauen bewirkt
das sind gefühle
die in worten mitschwingen
die im schweigen mitschwingen
die im dunkeln und hellen leben
die sind wenn andere um mich sind
die nicht nicht sein können
die ich nicht von mir fernhalten kann
die durchdringen wie strahlen
die in mir zum wachsen bringen
die in mir geschehen lassen

die ich spüren lernen kann
daß da in mir

sich merkwürdige
selbständige dinge abspielen
so wie atmen oder schlafen
in mir geschieht

selbständiges buntes strömen in mir
was aufnimmt und reagiert
was kommt
von außen
von dir
was mitschwingt
in worten und schweigen
im dunkeln und hellen
was nicht nicht sein kann
wenn andere um mich sind

Die neue Praxis

1. Verstehen – Fühlen – Praktizieren

Die neue Ich-Beziehung wird im allgemeinen in drei Phasen realisiert. Zunächst erhält man eine Information darüber, daß es eine Alternative zur patriarchalisch-pädagogischen Lebensführung gibt, und es kommt zu einer intensiven intellektuellen Auseinandersetzung mit der neuen Philosophie. Danach beginnt die Phase der emotionalen Umorientierung, die alte Wertewelt wird zugunsten der neuen Beziehung aufgegeben. Die pädagogischen Überlagerungen des wahren Selbst lösen sich in einem schwierigen und oft schmerzhaften Prozeß, der insgesamt als befreiend und tief beglückend erlebt wird. Die emotionale Umorientierung beginnt sich rasch auf das Alltagsverhalten auszuwirken, die Beziehungen zu den anderen ändern sich. Dies ist die dritte Phase. Verstehen – fühlen – praktizieren: meist wird die neue Beziehung in dieser Reihenfolge verwirklicht.

Bei der intellektuellen Aufnahme kommt es darauf an, den Kern der Aussagen über die neue Beziehung zu verstehen. Es geschieht immer wieder, daß aufgrund der tief im Gefühl und im Denken verwurzelten patriarchalisch-pädagogischen Lebensart der Sinn von dem, was über die neue Beziehung gesagt oder geschrieben wird, nicht verstanden wird. Statt dessen wird mit den merkwürdigsten Interpretationen reagiert. Diese intellektuelle Abwehr kommt zum großen Teil aus der pädagogischen Gefühlswelt, in der die besonderen pädagogischen Verantwortungsgefühle (»verantwortlich für«) eine dominierende Rolle spielen. Sie »verbieten« es dann, antipädagogische Verantwortlichkeit (Absage an das »verantwortlich für«, Übernahme des »verantwortlich vor«) zuzugestehen. Geläufig ist zum Beispiel ein Einwand wie »man kann nicht nicht erziehen«, also eine Ablehnung zentraler Aussagen schon im logischen Bereich.

Es kann durchaus sein, daß eine intellektuelle Aufnahme unabhängig von einer gefühlsmäßigen Stellungnahme gar nicht möglich ist: Wer den Kern der neuen Beziehung intellektuell begreift, kann dies nur, wenn er in sich bereits solche emotionalen »Auflockerungen« der herrschenden Kultur erlebt, wie sie eigentlich doch erst im Anschluß an die intellektuelle Aufnahme durchgeführt werden können. Aber es ist anscheinend nicht so, daß man erst verstanden haben muß, um was es geht, um es dann positiv oder negativ zu bewerten, sondern es wird wohl bereits *von vornherein* eine positive Bewertung dem gesamten (im einzelnen noch nicht bekannten) Unternehmen »neue Beziehung« entgegengebracht. Oder eben nicht – und dann ist auch ein echter Dialog auf intellektueller Ebene erfolglos. Es ist wohl genauer, neben den drei Phasen noch eine Vorphase anzunehmen, in der sich Interessenten bereits aus den verschiedensten Gründen und Quellen den Grundaussagen der neuen Beziehung verwandt fühlen, z. B. sich doch eigentlich o.k. fühlen, aber noch Schwierigkeiten damit haben, dies auch als »allgemein anerkannt« zu erleben.

Die emotionale Umorientierung erfolgt in zwei Schritten. Zunächst hat man mit einem Mal verstanden, worum es geht, (»Aha-Erlebnis«), und man spürt, daß man sich grundsätzlich für die neue Beziehung entschieden hat. Diese erste Orientierung und Entscheidung stellt wichtige Weichen für die eigene Entwicklung, sie ist der Beginn der Reise zu sich selbst. Der zweite Schritt besteht in der langsamen Ablösung der von Geburt an eingeprägten pädagogischen Muster, und eigentlich sind es viele kleine und größere Schritte auf dem neuen Weg. Hierbei ist die Hilfe einer Gruppe Vertrauter sehr wichtig.

Die praktische Verwirklichung der neuen Beziehung ist eine ganz individuelle Sache jedes einzelnen (hierzu die Berichte auf S. 100ff.). Und während es für den einen beispielsweise sehr wichtig ist, zur Unterstützung im Alltag Freunde in der Nähe zu wissen, mag der andere um so lieber ganz allein seinen neuen Weg gehen. Es gibt auch keine Regel, die bei der Praktizierung beachtet werden müßte, oder so etwas wie einen vorgeschriebenen Weg. Jeder ist sein eigener Chef, und er folgt nur dem, was er selbst erkennt. Dies schließt andererseits Gemeinsamkeiten nicht aus, und es hat sich zum Beispiel für viele als eine sehr hilfreiche Idee erwiesen, jährliche Familienwochen zum gemeinsamen Erlernen und Praktizieren der neuen Beziehung durchzuführen.

2. Die Frage nach der Praxis

Die Ungewißheit darüber, wie sich die neue Beziehung denn konkret leben läßt, ist für die Menschen der neuen Beziehung kein Problem mehr und sie fragen nicht nach der Praxis. Wir haben wieder gelernt, uns zu lieben, wir vertrauen uns – und die Dinge, die sich in der Zukunft ereignen werden, ängstigen uns nicht mehr. Es ist müßig, sich über etwas Gedanken zu machen, das noch nicht da ist, wenn feststeht, daß die Voraussetzung für ein gelungenes Bestehen des Kommenden gegeben ist. Diese Voraussetzung ist das wiedergefundene Vertrauen in uns selbst, und alle Anforderungen, die die Zukunft an uns stellen wird, werden wir von dieser Basis aus gut meistern.

Die Frage nach der neuen Praxis stellt sich somit eigentlich nicht, ja, sie ist vielmehr geeignet, vom Kern des Problems abzulenken. Denn es geht nicht darum, was jetzt *konkret* die Folgen der neuen Beziehung sind, wie es sich doch an ihrer Praxis ablesen lassen müßte. Die neue Praxis wird von jedem selbst entsprechend seiner individuellen Situation gestaltet. Es geht darum, eine neue und zugleich uralte Form der Beziehung zu sich selbst aufzunehmen. Daß dies dann Auswirkungen auf die Praxis hat, ist selbstverständlich. Doch wir brauchen uns nicht darum zu sorgen, denn alles, was wir künftig tun, ist vor uns und der Welt verantwortet und es entspricht unserem Sinn und dem Frieden, der in einem jeden von uns lebt.

Dennoch möchte ich auf die Frage nach der neuen Praxis eingehen. Mir ist bewußt, wie sehr wir im pädagogischen Denken groß geworden sind und daß die Frage nach der praktischen Umsetzung der neuen Beziehung viele Menschen beschäftigt. Ich lasse mich allerdings nicht auf allgemeine oder theoretische Überlegungen ein, sondern stelle einige der ja bereits vorhandenen Praxiserfahrungen von Menschen vor, die seit einiger Zeit in der neuen Beziehung leben. Das »ich mache es so – bei mir begann es damit – am wichtigsten ist für mich – meine Veränderung besteht in« ist für mich immer eine wichtige Hilfe gewesen, und vielleicht ist dies auch für andere die sinnvollste Antwort auf die Praxisfrage.

II

Ich stelle hier 18 authentische Berichte über die neue Praxis, ihren Beginn und ihre Entwicklung vor. Es sind dies persönliche Mitteilungen von Menschen, die seit kurzem oder einigen Jahren die neue Beziehung angenommen haben. Ich bin diesen Menschen sehr dankbar, daß sie sich die Mühe gemacht haben, etwas über ihre Erfahrung mit der neuen Beziehung – mit ihrer neuen Praxis – aufzuschreiben. Ihre Beiträge machen das *Ich liebe mich* anschaulich und sie zeigen, daß die neue Beziehung für jeden *auf seine Weise* Wirklichkeit wird und immer wieder andere Schwerpunkte hat.
Ich stelle die Beiträge mit dem Vornamen der Autoren vor und habe jeweils ihr Alter mit angegeben. Die neue Beziehung nennen sie *»Freundschaft mit Kindern«*, wie dies unser Name für sie ist. Sie verwenden diesen Begriff immer dann, wenn sie etwas über die neue Beziehung insgesamt aussagen, denn es hat sich als praktikabel erwiesen, *»Freundschaft mit Kindern«* zu sagen (im Sinne eines Markenzeichens für die neue Beziehung) als umständlich »die neue Ich-, Du- und Wir-Beziehung«. (Zum Begriff *Freundschaft mit Kindern* auch S. 17 ff.).

1. Helmut (38)

Mein gegenwärtiges Leben wird vielleicht durch den Kontrast des vergangenen deutlich. 1944 bei Bombenangriffen zur Welt gekommen, lebte ich bis zum 5. Lebensjahr in einem Kinderheim, lernte seitdem, bei Erwachsenen/Eltern, Wünsche und Gebote von anderen als Preisgebot für Liebesware anzusehen. Mit der Münze des Gehorsams zahlte ich bar für das, was sich als Liebe und Freundschaft ausgab (es oft – wenn auch durch Erziehungsanspruch karikiert – war). Befehle und Wünsche mußten kaum durch Nachdruck unterstützt, oft nicht einmal ausgesprochen werden, ich kam ihnen meistens zuvor, in der Hoffnung, angenommen zu werden.

Schon im Kinderheim hatte ich mich soweit aufgegeben, daß eine Papier-Maske in einem dämmrigen Bestrafungsraum (nur zwei solcher Strafaktionen hatte ich in diesem Haus »nötig«!) mich in bodenlose Lebensangst versetzte. Daß ich liebens-wert oder zumindest der Achtung würdig sei, wagte ich nie ernst zu glauben. Und doch sehnte ich mich mit jeder Faser meiner Person danach. Noch als Fünfunddreißigjähriger spürte ich die kehlenschnürende Angst dieser hohlen Erziehungsmaske so unabweislich, daß ich immer wieder mit dem Gedanken umging, meinem Leben ein Ende zu setzen. Bis dahin war das Bedürfnis nach Liebe und Achtung von mir erfolgreich durch Gefälligkeit gegenüber jedem ersetzt worden, der meinen Hoffnungen Erfüllung versprach.

Als braver Sohn, der seine Eltern nicht enttäuscht, machte ich Abitur, begann, mich auf den Priesterberuf in einem katholischen Orden vorzubereiten, ging da weg, wurde nach meiner Promotion zum Dr. phil. Gymnasiallehrer. Mit den Mitteln, die mich meiner Selbstachtung, meiner mir eigenen Macht beraubt hatten, wollte ich anderen Menschen – vor allem Kindern – Zuwendung gar Liebe schenken: Predigen, belehren und Ungerechtigkeit/Unmenschlichkeit durch politischen Kampf (zuweilen aggressiv und polemisch – ich mußte meinen Mitstreitern ja schließlich gefallen!) beseitigen.

Sieben Jahre nach meinem Eintritt in den Schuldienst – ich hatte inzwischen geheiratet, zwei Söhne kamen zur Welt, Florian und Dominik – stieß ich in pädagogischer Absicht im Kreis einer Gesamtschulinitiative an einem Abend auf Hubertus von Schoenebeck, der von *Freundschaft mit Kindern* (FMK) berichtete. Intensive Kontakte in einer etwa einjährigen Selbsterfahrungsgruppe, die

sich von der Idee *Freundschaft mit Kindern* in Bewegung gesetzt
fühlte, waren die Wehen meiner zweiten und entscheidenden
Geburt. Als die Gruppe sich nicht mehr regelmäßig traf, war ich
nach 35 Jahren endlich bei mir angelangt.

Es dauerte trotzdem noch einige Zeit, bis ich dahinterkam, daß ich
Gefahr lief, die *Freundschaft mit Kindern*-Bewegung, wie so oft
vorher, als eine Lehre anzusehen, als ein Sicherheit versprechendes
Konzept oder gar Rezept. War es wieder nur eine Heilslehre, der ich
mich unterwarf, um meine Angst loszuwerden? Nach Gesprächen
mit Bekannten und Interessierten, die zufällig mit mir auf »FMK«
kamen, fiel mir mehrfach auf, daß ich in mein altes Muster zurück-
gefallen war: Aussprüche und Thesen von anderen FMK-lern vertei-
digte ich wie Glaubenssätze oder Theorien. Die Angst saß mir im
Nacken: »Werden die dich noch akzeptieren, noch als ›zu ihnen
gehörig‹ ansehen, wenn du Bedenken des an FMK zweifelnden
Gesprächspartners teilst, zugeben mußt, daß du das alles noch nicht
umfassend praktizierst?!« Die Furcht des Ausgestoßenwerdens ver-
wandelte sich dann wieder in theoretische Absichtserklärungen oder
gar in missionarischen Eifer.

So auch bei Uschi, mit der ich seit 10 Jahren verheiratet bin. Auch so
eine Partnerschaft, in der meine Gefälligkeitsblindheit zu einem
Scheinerfolg geführt hatte. Was sollte ich tun gegenüber einem
Partner, der die Idee *Freundschaft mit Kindern* zwar theoretisch gut
fand, sie aber für undurchführbar hielt und noch immer hält, bei
Kindern, die schon vier oder fünf Jahre unter Erziehungsbedingun-
gen aufgewachsen sind? Mein neues Selbstbewußtsein, meine Versuche, mit den Kindern anders zu leben, führten zu schweren
Konflikten. Manchmal schien eine Trennung die einzige Lösung.
Bisher ängstlich von mir abgeblockte Beziehungsmöglichkeiten
außerhalb unserer Ehe-Partnerschaft (ich wollte bis dahin ja nicht
durch Liebesverlust »bestraft« werden!) verschärften die Lage noch.
Ähnlich verlief es in der Schule. Schritte in Richtung *Freundschaft
mit Kindern* führten zu Auseinandersetzungen mit Eltern und Kollegen. Das ging bis zu Maßnahmen der Bezirksbehörde.
Etwa eineinhalb Jahre stand ich unter dem dauernden Druck: mit
Familie und Schule brechen oder meine neugewonnene FMK-

Perspektive als Irrtum zurückzunehmen. Auch jetzt gehe ich manchmal mit der Frage herum, ob ich mich bei allen noch immer erzieherischen Verhaltensweisen auf dem »richtigen« FMK-Weg befinde.

Zu viel hat sich aber entscheidend verändert: Im Leben mit meinem Ehe-Partner gibt es keine falschen »Liebesbeteuerungen« mehr. Was wir zusammen leben können, finden wir immer wieder neu heraus. So viel Offenheit und gegenseitige Achtung haben wir in all den vorhergegangenen Jahren nicht erfahren. In der Beziehung zu unseren Kindern beobachte ich oft eine erstaunliche und heilsame Wechselwirkung: Wo ich in manchen Situationen in die alten Erziehungspraktiken zurückfalle, entdecke ich bei meiner Partnerin, die grundsätzlich an Erziehung festhält, Augenblicke, in denen sie die freie Entscheidung der Kinder achtet, sie unterstützt, sich ihnen ohne erzieherische Vorbedingungen zuwendet, sie mit ihren Bedürfnissen ernsthaft wahrnimmt. Die Grenzen unserer Erziehungsansprüche sind schon merklich zurückgewichen und wir fühlen uns dabei wohler.

In der Schule ist das für mich ähnlich: Ich habe nicht die Kraft, aus diesem System der mit Zwang arbeitenden Lernorganisation wegzugehen, will nicht arbeitslos sein und muß mich selbst doch nicht dazu erziehen, um den Preis meiner Selbstachtung und Gesundheit Schülern Freiheit und selbstbestimmtes Lernen zu »erkämpfen«. Und doch gibt es auch in diesem Raum des Zwangslernens, an dem ich als Lehrer beteiligt bin, so viele Situationen, wo ein Stück dieser freien, gleichberechtigten Begegnung Leben wird.

2. Antonett-Toni (27)

(Von Toni stammt der *Epilog* am Schluß des Buches)

Ich habe das Märchen geglaubt, das mir erzählt wurde: daß ich nicht auf mich, meinen Nutzen, mein Glück, meine Wünsche achten darf, sondern mein Leben damit verbringen muß, für das Wohlbefinden anderer zu sorgen oder es zumindest nicht zu stören. Mein Vorname

Anto*nett* beinhaltet das ganze Programm, deshalb gefällt er mir auch nicht mehr. Mein Nettsein war Selbst-Verleugnung.

Ich habe – bis auf meine ersten und meine letzten Jahre – fast mein ganzes Leben mit einer Frau verbracht, die mich unglaublich schlecht behandelte. Ich hatte mich so an ihr Vorhandensein gewöhnt, daß mir nicht mehr auffiel, daß sie der Grund dafür war, daß ich mich ständig schlecht (im wahrsten Sinne des Wortes) fühlte; der Gedanke, mich von ihr zu trennen, kam mir daher erst recht nicht.

Nie war sie mit mir zufrieden! Ständig nörgelte sie an mir herum und forderte mich auf, mich zu ändern. Wenn es mir schlecht ging, ließ sie mich fast immer im Stich: statt mich zu trösten und auf meiner Seite zu stehen, wenn ich traurig war, machte sie mir Vorwürfe: »Du stellst dich immer so an!« Wenn ich etwas nicht geschafft hatte, ermutigte sie mich nicht, sondern es hieß: »Von dir war ja nichts anderes zu erwarten. Versager!« Wenn ich mich ungeliebt fühlte, meinte sie, das wundere sie gar nicht, schließlich sei an mir ja auch nichts Liebenswertes zu entdecken.

Und ich hörte mir alles an und zuckte zusammen und murmelte: »Du hast ja recht . . .« Diese Frau war wie ein teuflischer siamesischer Zwilling – diese Frau war *ich selbst!*

Dann merkte ich, daß wir gar nicht untrennbar aneinander gewachsen waren, sondern nur durch Handschellen miteinander verbunden, zu denen der Schlüssel verloren gegangen war: ich war eine Gefangene! Ich fand den Schlüssel, habe mich von ihr befreit und sie davongejagt. Der Schlüssel war die Erkenntnis, daß ich wichtig, wertvoll und gar nicht verbesserungsbedürftig bin, sondern okay. Ich weiß jetzt, daß ich das Recht habe, so zu sein, wie ich bin: zu fühlen, was ich fühle. Zu denken, was ich denke. Zu wollen, was ich will. Zu tun, was ich tu.

Wenn ich schreibe, daß ich das Recht habe, zu sein, wie ich bin, heißt das nicht, daß ich unverändert bleiben will oder bleibe. Ich verändere mich wie jedes lebendige Wesen (im Gegensatz zu Marionetten) ständig – aber nun zu *meinen* Gunsten, aus mir selbst heraus, ohne Ziel (»So und so muß ich werden, so und so darf ich nicht bleiben«). Ich zerre und (er)ziehe nicht mehr an mir herum, sondern finde es spannend und schön, heute noch nicht zu wissen, wie ich morgen sein werde. Ich bin nicht mehr auf der Welt, um andere glücklich zu machen – daß sie es durch meine Existenz oft sind, macht mich natürlich froh, aber es ist nicht mein vorderstes Ziel. Erstmal ist dies *mein* (und soviel ich weiß, einziges) Leben, *meine* nicht wiederholbare Zeit – und ich habe alles Recht, sie für mich zu nutzen.

Ich hoffe, daß ich mich einmal nicht nur akzeptieren, mögen und freundschaftlich behandeln, sondern lieben werde – wie einfach wäre dann das Leben! Ich müßte der Liebe nicht mehr nachlaufen – sie wäre bei mir und keiner könnte sie mir nehmen. Keiner könnte mich durch Behauptungen in eine gute oder schlechte Antonett verwandeln. Liebe heißt für mich: »So darfst du sein – gleich gültig, was das ist: ›so‹.« Auf diese Weise möchte ich mich selbst auch lieben.

Daß ich die ersten Schritte in Richtung Selbstliebe getan habe, merke ich schon an alltäglichen Kleinigkeiten (wie sich Liebe eben stets mehr im Kleinen zeigt als in den großen Taten!), am Umgang mit mir selbst, der liebevoller und sorgsamer geworden ist. Ich behandele mich immer mehr wie eine Freundin: »Für mich ist das Beste gut.«

So achte ich zum Beispiel mehr auf mein körperliches Wohl: ich lasse mich nicht mehr aus Gleichgültigkeit hungern und knalle mir das Essen nicht mehr so unhöflich auf den Tisch. Ich lasse mich nicht mehr frieren, sondern bin mir die eine Minute, die das Warmanziehen kostet, wert – auch wenn ich nur um die Ecke zum Bäcker will. Ich achte auf mein Leben, denn es ist mir lebenswert: zu Stoßzeiten schiebe ich mein Rad über die Zebrastreifen, statt mich in das Chaos des Kreisverkehrs zu stürzen. Mein Leben ist mir wichtiger als die paar Minuten Zeitersparnis, und das Kopfschütteln der »mutigen« anderen Leute. Im Laden dulde ich nicht mehr, daß sich andere vordrängeln und mir meine Zeit stehlen. Ich wehre mich, wenn andere acht(ungs)los mit mir umgehen, statt wie früher hilflos herumzustehen und zuzulassen, daß ich verletzt werde. Wenn ich traurig bin, ermutige ich mich zum Weinen, statt mich lieblos wie früher zur Ordnung zu rufen. Wenn ich mich langweile, ärgere, mit mir unsympathischen Menschen zusammen bin, weiß ich jetzt, daß ich dort nicht bleiben *muß* und beschließe: »Das tu ich mir nicht an«. Und gehe, mich sinnvollen Dingen zuzuwenden.

3. Martin (23)

Hat das Leben eigentlich einen Sinn? Welchen Sinn hat mein Leben? Einige Jahre habe ich mich das ernsthaft gefragt, bis ich *Freundschaft mit Kindern* kennenlernte. In diesen drei Jahren bis heute sind viele Fragen an die Vergangenheit und Zukunft verschwunden und Fragen an das Jetzt aufgetaucht: Fragen nach dem Sinn des Lebens haben sich verwandelt in meine Sinne, die nach Leben fragen. Seitdem lerne ich, zu sehen und zu hören und zu spüren, wie ich bin und lebe und wer und was um mich herum lebt. Und während ich schweigen lerne, um mich und alles wahrzunehmen, sehe ich in den Augen der Menschen, wieviel Wärme und Energie ich ausstrahle. Meine Begegnungen mit Menschen werden intensiv.

Eine Situation. Im Sommer beim Segeln. Wir ankern im Osten. Vor einer halben Stunde habe ich Veronika zum ersten Mal gesehen. Wir liegen vorn auf dem Boot in der Sonne. Es schaukelt uns in den Traum des Augenblicks. Still genieße ich ihre warme Nähe.

Ein anderes Beispiel. Seit über einem Jahr sehe ich Ortrud in der Schule. Wir sehen uns an – mehr nicht. Aber unsere Augen sagen uns sehr viel. Vor ein paar Tagen haben wir die Nähe gefunden, die wir schon im ersten Augen-Blick hatten.

Je mehr meine Sinne wach werden und ich bewußt gern lebe, um so bedeutungsloser und krankhafter erscheint mir die Suche nach dem Sinn des Lebens.

*

Ich beobachte seit ungefähr einem halben Jahr, daß immer mehr Ängste in mir auftauchen. Ein Beispiel: Vor acht Wochen war ich zur Hospitation in einer Kindergartengruppe. Viele neue Gesichter. Ich bekomme schnell Kontakt. Wir spielen spontan mal dies mal das. In der Bauecke wird ein Kreis gebildet. Weil ich neu hier bin, soll jeder seinen Namen mit demselben Zweizeiler vorsagen: »Ich bin der ...« Der Reihe nach. Gleich komm ich dran. Spüre eine Angstlawine in mir. Hasse diesen Automatismus. Ich halte es nicht mehr aus und gehe nach draußen. Vor ein paar Minuten haben wir so schön zusammen gespielt – und jetzt plötzlich diese Angst in mir. Mir ist klar geworden, daß ich immer mehr Ängste direkt spüre, die ich früher irgendwie abgewehrt habe, um es einigermaßen aushalten zu können. Und ich stelle fest, daß ich heute mit meinen Ängsten leben lerne, daß ich sie überhaupt wahrnehme, daß ich darauf reagiere, indem ich mich zum Beispiel einer solchen Angstsituation entziehe. Früher habe ich Angst unterdrückt, bekämpft oder versucht, sie zu überwinden. Heute lasse ich sie auf mich zukommen, weil ich weiß, jederzeit fliehen zu können, sobald ich sie nicht mehr ertrage. Gerade das gibt mir den Mut, meinen Ängsten zu vertrauen. Ängste bewußt zu erleben bedeutet für mich eine große Bereicherung. Jede Angst geht irgendwann in ihr Gegenteil über, in Mut und Vertrauen. Und all die positiven Gefühle, die ich immer deutlicher erkenne, erlebe ich viel intensiver – weil ich eben auch die negativen Gefühle so massiv spüre.

4. Elisabeth (37)

Es fällt mir schwer, meine Erfahrungen mit *Freundschaft mit Kindern* in Worte zu fassen, obwohl sich dadurch für mich sehr viel verändert hat. Die Veränderungen sind so subtil, daß ich sie kaum jemand erklären kann, sie umfassen mein ganzes Wesen.

Anfangs wollte ich noch darüber sprechen, die Idee anderen Menschen erklären, sie überzeugen, sie begeistern. Ich werde stiller, ich lerne hinzuhorchen.

Die Erfahrung, die ich in einer *Freundschaft mit Kindern* – Selbsterfahrungsgruppe und an den gruppendynamischen Wochenenden gemacht habe: »Ich bin es wert, daß andere Menschen mir zuhören, mir ihre Aufmerksamkeit schenken, meinen Schmerz, meine Tränen, meinen Zorn annehmen, einfach annehmen, ohne zu bewerten, ohne zu urteilen« – diese Erfahrung beginnt langsam in mir Wurzeln

zu schlagen. Ein kleines Pflänzchen, das in mir Wärme und Glücks-
gefühl erzeugt.

Ich bin wert . . . ich bin wichtig . . . so wie ich bin, mit meinen hellen
und mit meinen dunklen Seiten. Ich muß mich nicht anstrengen und
anstrengen, um so zu werden, wie die anderen mich lieben können.
Eine Aufgabe, die mich zerrissen hat, immer auf den anderen
schauen, mein Verhalten richten nach jeder Geste, jedem Wort,
immer auf dem Sprung ––– und die Welt hat soviele andere!

Ich merke, während ich schreibe, daß wieder alte Gefühle des
Schmerzes und des Zorns über Nicht-Genügenkönnen in mir aufstei-
gen und Hilflosigkeit und Trauer. Es ist ein Auf und Ab, Gefühle
kommen und gehen, sie fließen durch mich hindurch und lassen
mich ruhig und aufmerksam zurück. Ich kann hinschauen, hinhor-
chen auf mich und auf andere. Das Reden, Erklären, Überzeugen ist
nicht mehr wichtig.

Ein weiterer wichtiger Impuls ist für mich der Gedanke »Ich bin für
mich verantwortlich, jeder ist für sich verantwortlich, ich bin nicht
für andere verantwortlich«.

Verantwortung war etwas, was mir schwer auf der Seele lag. Allein
der Gedanke, daß ich nicht für andere verantwortlich bin, z. B. für
meine Kinder, für meinen Partner, meine Freunde erleichterte mich
sehr und gab mir neuen Bewegungsspielraum und Freude in meinen
Beziehungen. Die Auseinandersetzung mit diesem Verantwortungsgefühl für andere dauert an, denn es ist anscheinend tief in mir
verwurzelt. Ich mag andere Menschen und ich möchte, daß es ihnen
gut geht, ich möchte helfen, daß es ihnen gut geht. Dabei ist es nicht
immer einfach zu sehen, ob das, was für mich gut scheint, auch gut
für den anderen ist.

Ganz wesentlich hat sich das Gefühl des Loslassens der Verantwortung auf meine berufliche Tätigkeit ausgewirkt. Ich arbeite mit
körperlich, geistig und seelisch gestörten Kindern. Von der Ausbildung und meiner bisherigen beruflichen Erfahrung her war ich
gewohnt, Verantwortung zu übernehmen: Der Therapeut weiß, was
für das Kind gut und richtig ist. Ich stellte einen Therapieplan auf,
hatte genaue Vorstellungen, was ich machen wollte, oder sollte sie
haben, und es war für mich und das Kind oft sehr anstrengend.

Durch das neue Verständnis haben sich die Standpunkte verschoben, nicht mehr oben-unten, hier Therapeut – dort Kind, sondern gleichberechtigtes Miteinander-Arbeiten. Dadurch ist die Arbeit für mich viel schöner und unbelastender geworden. Das Gefühl »Ich kann die Verantwortung für seine Entwicklung beim Kind lassen« gibt mir die Möglichkeit, offen zu sein für alles, was vom Kind kommt. Ich bin ruhig und aufmerksam. Da ich nicht damit beschäftigt bin, mir zu überlegen, was ich jetzt mit dem Kind tun müßte, bin ich in der Lage, auf die momentanen Bedürfnisse des Kindes zu reagieren, es da zu unterstützen, wo es meine Hilfe braucht.

5. Christiane (51)

Als ich zum ersten Mal etwas von *Freundschaft mit Kindern* hörte, waren unsere 4 Kinder schon ziemlich groß (10, 16, 19 und 21 Jahre alt). Ich hatte also schon einige Jahre Zeit gehabt, von ihnen zu lernen, und so waren mir diese Ideen gar nicht mehr so fremd. Aber zwischen dem, was ich erfahren und eingesehen hatte, und dem, was ich in meinem alltäglichen Leben tat, bestand noch immer ein großer Unterschied, und das gefiel mir nicht.

Also fing ich – sozusagen von heute auf morgen – damit an, mit allen Erziehungsmethoden Schluß zu machen, auch wenn sie mir noch so taktisch klug und nützlich vorkamen. Anfangs tat ich es einfach nur, weil es mir gut tat, endlich wieder echt und unverstellt sein zu können und nicht mehr überlegen zu müssen, ob das, was ich spontan empfand, erzieherisch richtig oder falsch war. Erst später merkte ich, daß das auch meinen Kindern gut tat.

Sie wurden jetzt zwar nicht mehr erzogen, aber sie hatten dadurch unvergleichlich viel mehr Möglichkeiten, menschliche, d. h. soziale Erfahrungen zu machen, und es war deutlich zu sehen, daß sie dadurch, daß sie mehr Gelegenheit hatten, ihre Fähigkeiten zu erproben, diese auch besser einzuschätzen lernten. Sie wurden einerseits selbstbewußter, überschätzten sich andererseits aber auch nicht mehr so häufig, und so kam es, daß sie trotz wesentlich größerer Freiheit weniger oft in Gefahr gerieten. Sie waren auch gegenüber Anregung und Rat aufgeschlossener als früher, vielleicht, weil sie keine Angst mehr zu haben brauchten, daß sie damit in irgendeine Richtung gedrängt werden sollten. Ich hatte endlich mein altes Vertrauen wiedergefunden, daß *jedes* Kind, wenn es von Menschen umgeben ist, die ihm Wärme und Aufmerksamkeit entgegenbringen, sich zu einem vertrauenswürdigen und sozialen Menschen entwickelt und nicht erst dazu gemacht werden muß. Mein Leben mit den Kindern wurde von da an von Jahr zu Jahr entspannter und intensiver.

6. Vera (31)

Vor ca. 2 Jahren hörte ich von *Freundschaft mit Kindern*. Hier traf ich auf Menschen, von denen ich mich angenommen und verstanden fühlte, die mich nicht beredeten mit Aussagen wie: »Du hast doch alles, gesunde Kinder und materielle Absicherung, was willst du denn?« Ich mußte nichts erklären und bekam auch nichts erklärt. Mit der Zeit traute ich mich immer mehr an mich selber heran, an meine Gedanken und meine Gefühle. Oft zu meinem eigenen Erschrecken stellte ich fest, daß ich etwas ganz anderes sagte oder tat, als ich wirklich meinte. So nach und nach merkte ich, wie ich mich vor mir und den anderen versteckt habe. Vieles habe ich so getan, wie es meiner Meinung nach von mir erwartet wurde.
Wenn ich so zurückdenke, habe ich mir nie richtig Ruhe gegönnt. Mich einfach hinsetzen, abschalten, die Zeit verstreichen lassen, ohne etwas vorzuweisen, das gab es nicht. Da kamen so Sprüche in mir hoch wie: »Müßiggang ist aller Laster Anfang« und »Laß dich nicht hängen«. Es zählt nur, wer arbeitet, wer etwas für andere sichtbar leistet. Viele Jahre habe ich gemacht, geschafft über meine Kräfte hinaus und habe nicht gemerkt, wie ich gegen mich selber gearbeitet habe. Alle äußeren Gelegenheiten habe ich dafür verantwortlich gemacht, daß ich mich selber jage. Mein Körper hat mit Krankheit reagiert, aber dafür gab es ja Medizin. So langsam spüre ich meinen Körper wieder, merke, was in mir vorgeht, und reagiere darauf. Mit der Zeit kann ich mich immer besser einschät-

zen, ich lerne mich kennen. Heute muß ich nicht mehr weiterlaufen, um zu gewinnen, wenn ich nicht mehr laufen kann. Ich bleibe stehen, und es ist gut so. Stückchen für Stückchen kann ich mich so nehmen, wie ich bin.

So wie ich mich auf mich selber einlassen kann, so kann ich mich auch inzwischen auf meine beiden Kinder einlassen. Immer wieder habe ich ihnen meine Maßstäbe und Erwartungen aufgedrückt und habe Wege gesucht, das einzelne Kind dahin zu bringen, wohin ich es haben wollte. Es ist nicht bewußt geschehen – ich habe es nur gut gemeint.

Ein Beispiel zeigt, wie sehr ich mich dann an dem, was die Kinder *taten*, orientierte. Meine damals fast fünfjährige Tochter fing an, irgendwelche kleinen Gegenstände wegzunehmen. Zunächst versuchte ich sie mit Zureden, dann mit Strafen, ja sogar mit Erpressung davon abzubringen. Erst viel später, als alle meine Überredungskünste fehlschlugen, fing ich an, die Sache zu hinterfragen. Warum hatte es meine Tochter nötig, kleine Dinge zu entwenden? Der Gedanke »Ich muß das verhindern, was soll sonst daraus werden?«, also meine eigene Angst, verschwand ganz. Bald war mir klar, daß das ein Kampfmittel war. Hier konnte sie mich treffen. Aber warum mußte sie mich bekämpfen? Selbst Druck und Strafe konnten sie nicht daran hindern, überall etwas mitzunehmen. Es geschah nur immer heimlicher, und sie fing an, zusätzlich noch zu leugnen.

Nun war ich genau da hineingerutscht, wo ich nicht hinein wollte. Verbote, Strafe, Druck, alles das wollte ich nicht. Bei mir spürte ich Hilflosigkeit und Traurigkeit. Davon konnte ich meiner Tochter erzählen. Immer stärker spürte ich, was das, was sie tat, *bei mir auslöste*. Nun war ich unfähig, sie dafür zu bestrafen oder auch nur Strafe anzudrohen. Ich habe von mir erzählt und geweint, ohne sie dafür verantwortlich zu machen. *Es waren meine Gefühle*.

Bei mir verlor die Sache dann mehr und mehr an Bedeutung, irgendwann fiel mir auf, daß meine Tochter nichts mehr mitnahm. Es hat sich alles wie von selbst erledigt.

7. Rita (33)

Ich lebe bewußter als je zuvor im Jetzt und Heute und der Umgang mit anderen Menschen fällt mir leichter. Ich kann klarer »meine Sachen« sehen und sagen. Ich weiß, was ich möchte und kann es sagen ohne schlechtes Gefühl (Gewissen). Wenn andere dann Schwierigkeiten mit mir haben, kann ich es schon ertragen und sie trotzdem akzeptieren.

Ich sehe jetzt deutlicher als früher, daß ein »Mißerfolg« ganz alleine von mir beurteilt werden kann und es alleine an mir liegt, alles zu revidieren. Dies nimmt mir die Angst vor neuen Situationen, vor dem Umgang mit neuen, fremden Menschen (hoffentlich sage ich nichts falsch). Es nimmt mir auch die Angst vor meiner eigenen Spontaneität. Ich mag es, wenn sich jemand mit meinen Problemen anzufreunden versucht, auseinandersetzt und eventuell eine Idee hat, die mir eine Entscheidung erleichtern könnte. Entscheidend bin jedoch immer ich selbst. Das ist mir im Laufe der letzten Zeit bewußt geworden.

Miriam, meine älteste Tochter, ist 4½ Jahre alt. Miriam ist der Meinung, daß ich ihren Vorstellungen entsprechend ihre Sachen regeln kann. Früher war ich oft sauer und gekränkt, wenn ich alles tat, was ich konnte, und sie schimpfte und tobte. Heute versuche ich ihr zu helfen, solange ich mag und kann. Ich rede nicht mehr auf sie ein und versuche nicht mehr, ihr die Unmöglichkeit der Durchführung ihrer Vorhaben zu erläutern. Miriam ist, wie sie ist, und ich will sie nicht mehr ändern.

Denke ich an den täglichen Umgang mit meinen beiden Kindern, ist mir klar, meine pädagogischen Vorkenntnisse (Kindergärtnerin und Lehrerin) waren eher hinderlich als förderlich im aktiven, spontanen Zusammensein. Da kamen Vergleiche wie »Mutter = Autorität«, »Mutter = Vorbild«, »Mutter = immer für die Kinder da«, und ich verschwendete noch viel Zeit mit dem »Was wird wenn?« Heute kommen mir nur in extremen Situationen solche Gedanken; ich kann meist über sie lächeln und sie vergessen.

8. Christoph (26)

Ich bezweifle ehrlich gesagt, ob meine Schilderungen irgend jemandem was bringen. Denn es sind doch *meine* Erfahrungen, die von tausend Kleinigkeiten abhängen, daß sie so und nicht anders abgelaufen sind. Und so auf indirektem Weg über die Druckerschwärze ist es auch sehr schwer, etwas zu vermitteln. Deshalb schreibe ich das hier auch nur auf, weil es mir Gelegenheit gibt, über meine Entwicklung ein wenig nachzudenken. Außerdem schmeichelt es meinem Selbstbewußtsein, daß mein Bericht vielleicht abgedruckt wird. Ich tue also nur etwas für mich. Ein Sendungsbewußtsein geht mir total ab.

Was ich besonders an *Freundschaft mit Kindern* gelernt habe, ist, daß ich mich seltener als vorher von anderen Menschen angegriffen fühle. Der Gedanke »Der tut ja gar nichts gegen mich, sondern nur etwas für sich« hat mir ganz neue Dimensionen eröffnet. Ich muß mich nicht für alles verteidigen oder entschuldigen. Und ohne diesen Druck lassen sich die meisten Spannungen viel schneller aufheben.

Dazu fällt mir gerade folgende Situation ein: Bei Bekannten lernte ich jemanden kennen, der mich von Anfang an argwöhnisch musterte und dann mit kleinen zynischen Bemerkungen versuchte, mich zu verunsichern. Ohne groß darüber nachzudenken habe ich mich fast reflexartig auf diese zynische Ebene eingelassen und meinem Gegenüber Paroli geboten. Dabei blieben wir sehr sachlich. Es war so eine Situation, wo man ein neutrales Gesprächsthema hat, wo es scheinbar um alles nur nicht um sich selbst geht, und wo man hinter diesem Deckmäntelchen sich über dem Tisch freundlich anlächelt und sich unterm Tisch mit Stiefeln tritt.

Aber irgendwann kam der Punkt, wo ich mir – und auch der andere – zu schade war für eine Diskussion. Irgendwie war plötzlich mein Bedürfnis, mit diesem Menschen liebevoll umzugehen, ganz stark geworden, und es erschien mir auch ganz leicht, von dieser versteckt feindlichen Ebene wegzukommen. Als mir das klar geworden war, muß ich wohl sehr entspannt und fröhlich ausgesehen haben. Und als ich dazu noch das, was mir kurz vorher so durch den Kopf gegangen war, meinem Gesprächspartner ganz unvermittelt sagte – da war er zunächst einmal sichtlich verwirrt und zog sich erst einmal zurück: »Ich diskutiere Konflikte grundsätzlich nicht aus«, bekam ich zu hören. Für einige Zeit beschränkte sich der Kontakt auf Blickwechsel, aber plötzlich, nachdem er wohl gemerkt hatte, daß ich ihn nicht hereinlegen wollte, war das Eis gebrochen, und wir haben uns dann noch unheimlich toll unterhalten.

Manchmal habe ich aber doch noch Schwierigkeiten, die neue Art zu leben. In konkreten Situationen reagiert man ja meist spontan. Ich habe das eben in dem Beispiel »reflexartig« genannt. Und so richtig in Fleisch und Blut übergehen werden neue Verhaltensmöglichkeiten erst dann, wenn man oft genug positive Erfahrungen damit gemacht hat. So geht es mir jedenfalls. Im Moment bin ich noch auf der Entwicklungsstufe, wo ich mein Verhalten mitten in der Ausführung der alten Verhaltensmuster korrigiere oder mir im Nachhinein alternative Reaktionsmöglichkeiten überlege. Ich bin schon froh, daß ich überhaupt so weit bin.

Ich hatte auch schon mal geglaubt, ich hätte es »ganz« geschafft. Aber da habe ich mir was vorgemacht. Ich war stolz darauf, im Gegensatz zu den meisten meiner Mitmenschen etwas von *Freundschaft mit Kindern* zu wissen und wollte mich in meiner Überlegenheit sonnen. Ich habe regelrecht auf Situationen gelauert, wo mich mal jemand angreifen würde und ich dann ganz lässig sagen könnte: »Ich kann mir gut anhören, was du mir da sagst. Es ist halt deine Weisheit, wenn du das so siehst.« In Wirklichkeit war ich nach wie vor verletzt oder hätte (wenn ich dabei nicht sowieso den kürzeren ziehen würde) dem anderen lieber eins in die Fresse gehauen. Aber ich stellte mir vor, daß es den anderen zur Raserei bringen würde, wenn er sehen müßte, wie alle seine Pfeile ins Nichts treffen würden.

Daß dies mit *Freundschaft mit Kindern* absolut nichts zu tun hat, habe ich erst nach und nach begriffen. Leider kommen solche Situationen in Abwandlungen auch heute noch immer wieder bei mir durch. Die alten Verhaltensmuster sitzen tief. Aber ich bin auf einem vielversprechenden Weg. Vielleicht schaffe ich es noch, Frieden mit mir selbst zu schließen. Dann regelt sich alles andere von selbst . *Honk!!!*

9. Ulla (25)

Besonders am Anfang habe ich an vielen *Freundschaft mit Kindern* – Wochenenden teilgenommen. Ich fand es schön, dort Menschen kennenzulernen, die schon länger in dieser Beziehung zu sich selbst und den anderen lebten und ich wurde immer sicherer, daß dies der richtige Weg für mich ist. Ich genoß es, mit diesen Menschen zusammenzusein. Ich fühlte mich wohl in dieser Atmosphäre und war zeitweise sehr erfüllt davon. Ich fühlte mich eigentlich zum ersten Mal in meinem Leben richtig ernstgenommen, als vollwertige Person anerkannt, so wie ich bin. Die Menschen, die ich dort traf, ließen mich *mich* sein und sie hörten mir zu.

Solche intensiven Wochenenden waren für mich oft richtige Energieschübe. Ich lernte viel und nahm Kraft, Mut und Liebe mit. Und es fiel mir, wenn ich von solchen Wochenenden wieder nach Hause kam, meist leichter, mit meinen Alltagsproblemen zurechtzukommen. Und wenn es mir mal schlecht ging, wußte ich, daß es Menschen gab, die mich mochten und die zu mir halten würden. Ich konnte mir ihre Hilfe und Unterstützung holen.

Die Art und Weise, wie ich mich selbst sehe, hat sich in den letzten Jahren sehr verändert. Ich sehe mich heute als Sonne, die viel Wärme ausstrahlen kann. Und ich genieße es zu leben, mit Menschen zusammenzusein, meine Wärme auszustrahlen und ihre Nähe zu spüren. Ich bin dann eine wunderschöne Blume auf einer bunten Blumenwiese. Ich habe heute ein ganz anderes Lebensgefühl, ich glaube sogar, erst vor kurzem angefangen zu haben zu leben.

10. Angelika (32)

Die Erfahrungen und das Erleben auf dem Seminar in Münster haben mir sehr viel Kraft und Auftrieb gegeben, mein mehr emotionales Bedürfnis nach Beziehungen zu Menschen auf einer Ebene, wie sie *Freundschaft mit Kindern* vertritt, auch mit dem Kopf in Einklang zu bringen. Ihr habt mir aus der Seele gesprochen und mir das Gefühl vermittelt, nicht allein zu sein mit meinem Bedürfnis nach freundschaftlichen Beziehungen zu Menschen in *allen* Lebensbereichen. Ganz speziell in meinem Beruf als Erzieherin fehlte mir in der Vergangenheit oft die Kraft und der Mut, zu meinem Empfinden anderen gegenüber zu stehen. Ich hatte viel Pädagogik im Kopf und rationalisierte immer wieder Gründe für »mein« (von anderen erwartetes) Verhalten, um nicht gegen den Strom schwimmen zu müssen. Gefühlsmäßig ging es mir meistens beschissen dabei – aber wenn ich erlebte, daß viele andere Menschen sich so (pädagogisch) verhielten, wie es mir eigentlich emotional gegen den Strich ging, fühlte ich mich oft verunsichert in meinen Empfindungen. Was ich sagen will: die Gewißheit, nicht allein so zu empfinden, fehlte mir, um auch meinen Kopf wieder klarer zu bekommen.

Das Gefühl des Verbundenseins mit einigen Leuten auf dem Seminar half mir dabei, die letzten Reste meines pädagogischen Denkens und somit auch der pädagogischen Handlungsbasis aus meinem Kopf zu verscheuchen – endlich damit Schluß zu machen. Ich habe sowas wie Solidarität mit euch gespürt, was mir Kraft gegeben hat, jetzt und auch in Zukunft sicherer vor andere pädagogisch-verschulte Menschen hinzutreten. Ich kann jetzt mein Empfinden und antipädagogisches Denken endlich klar und deutlich vertreten und ihnen entgegensetzen. Und ich fühle mich sicher in meinem So-Sein und Denken. Das ist ein tolles Gefühl, und mir geht's etwa so, als hätte ich eine enge Haut abgestreift – ja, Häutung, das ist das richtige Wort, und ich hoffe, es werden noch etliche Häutungen folgen.

11. Ursula (38)

Es ist mir doch schwerer gefallen als ich dachte, das in Worte zu fassen, was so schwer zu beschreiben ist. Ich weiß, daß durch *Freundschaft mit Kindern* eine Entwicklung eingeleitet wurde, die noch lange nicht beendet ist, und wo ich auch nicht weiß, wo sie hinführt. Ich habe versucht, das Wichtigste davon aufzuschreiben. Ich bin ein anderer Mensch geworden und sehe mich heute mit anderen Augen. Mein Selbstbild hat sich verändert und damit auch meine Umwelt.

Jeder Mensch, dem ich begegnete, hatte das Recht und die Macht, mich zu beurteilen und zu bewerten. Mein Selbstwertgefühl wurde von meiner Umwelt bestimmt. Ich hatte Angst, mich so zu zeigen, wie ich bin. Ich versuchte, mich so zu verhalten, wie es der andere von mir erwartete, um nicht abgelehnt zu werden. Ich übernahm die Wertmaßstäbe meiner Umgebung und beurteilte meinerseits meine Mitmenschen. Ich teilte sie in Gruppen ein und steckte sie in »Schubladen«. Das ist So-einer! Gleichzeitig hatte ich die größte Angst davor, selbst in solche »Schubladen« gesteckt zu werden. Ich glaubte, meine Mitmenschen würden mich vielleicht verurteilen, ohne mich richtig zu kennen. Aber ich kannte mich ja selbst nicht! Wie sollten andere mich kennenlernen, wenn ich mich immer vor ihnen versteckte?

In den *Freundschaft mit Kindern* – Selbsterfahrungsgruppen hatte ich nun Gelegenheit, mich zu zeigen und selbst kennenzulernen. Ich war neugierig auf mich, hatte aber gleichzeitig große Angst. Was würde geschehen, wenn sich bei mir Eigenschaften zeigten, die ich bei anderen stets verurteilt hatte? Müßte ich mich nicht selbst verachten?

Erst ganz langsam begriff ich, daß jede Eigenschaft, jedes Gefühl und jede Stimmung ein Teil von mir sind, daß das immer *ich* bin. In einer Gruppensitzung hatte ich zum ersten Mal das Gefühl, als Person einen Wert zu haben, ohne etwas dafür leisten zu müssen. Dieses neue Selbstwertgefühl veränderte mein Leben, weil niemand es mir mehr nehmen konnte. Ich *wußte*, ich bin etwas wert, nicht vom Kopf her, sondern von innen heraus. Ich habe wieder gelernt, Gefühle wahrzunehmen und ihnen zu trauen. Früher glaubte ich, nur dem Wort trauen zu können, und wie oft kamen mir Zweifel, ob ich nicht belogen wurde. Heute kann ich Gefühle zeigen, manchmal brechen sie auch aus mir heraus, ohne daß ich sie aufhalten kann. Früher war ich stolz darauf, daß keiner wußte, was mit mir los war, heute will ich es nicht mehr. Ich versuche, mich immer mehr anzunehmen, so wie ich bin. Alle Eigenschaften, die sichtbar werden, gehören zu meiner Person.

Das hat auch Auswirkungen auf meine Umwelt. Ich kann die Gefühle und Eigenschaften meiner Mitmenschen viel besser akzeptieren. Ich bin ehrlicher zu ihnen geworden. Ich kann ihnen ihre Gefühle lassen. Ich weiß, daß sie nicht immer etwas mit mir zu tun haben. Wenn Bernd, mein Mann, lieber ein Buch liest anstatt mit mir etwas zu unternehmen, dann tut er etwas *für sich* und nicht etwas *gegen mich*. Wenn mein Sohn Jürgen sich über mein Verhalten ärgert und wütend ist, dann lehnt er mich deshalb nicht ab. Das war am schwersten für mich zu begreifen!

12. Bernd (40)

Als Kind, später als Jugendlicher, fühlte ich mich wie in einer Zwangsjacke. Ich mußte gehorchen, mich unterordnen, schlucken, still ertragen. Widerspruch wurde nicht geduldet, sondern mit Gewalt unterdrückt. Es gab eine Bandbreite von körperlicher Gewalt bis hin zum sanften Druck. Elternhaus, Verwandtschaft, Kirche, Schule, Hochschule, Vorgesetzte und nicht zuletzt ich selbst bauten mit »gutem Willen«, Vorsätzen, Normen, Gesetzen, Erziehungs-idealen, Druck, Schuldzuweisung usw. eine starke Festung auf. Dieses schreckliche Gebäude bestand aus Unfreiheit, Schuldgefüh-len, Minderwertigkeitskomplexen, Leistungsdruck, Scheu vor fremden Menschen, Angst vor Kommunikation, Angst sich selbst zu entdecken oder entdeckt zu werden.

Vor etwa zehn Jahren hielt ich es nicht mehr aus. Ich wollte nicht länger ohnmächtig vor Wut, Schmerz und Traurigkeit sein. Gerne hätte ich die Fesseln um mich gesprengt, doch es war unmöglich, sich mit einer befreienden Explosion des ganzen Ballastes zu entle-digen.

Nur ganz allmählich bröckelte ich von den Zwängen etwas ab, ausgelöst durch Elternhaus, Kirche, Beruf und Umwelt. Die Kinder in der Schule erinnerten mich z. B. ständig an meine eigene schlimme Schulzeit. Ich suchte nach Wegen, sie besser zu verste-hen, ihnen zu helfen. Ich unterstützte gegen aggressive Kollegen und Eltern. Immer wieder gab es Mißerfolge und Rückschläge, vor allem weil ich selbst wieder in die alte Haut schlüpfte, die altbe-währte Rolle spielte. Diese ganze Entwicklung geschah heimlich.

Ich wagte nur vor meiner Frau oder einigen Freunden und Kollegen meine Position zu vertreten. Da war einfach große Angst um meine Person, in der Öffentlichkeit, im Beruf nicht anerkannt zu sein, abgelehnt zu werden und vielleicht berufliche Nachteile einstecken zu müssen. Selbsterfahrung veränderte mein Verhalten zu mir selbst, zu meiner Familie, zu Freunden, zu Kollegen und Schülern. Schließlich landete ich über Neill, Gordon u. a. bei Braunmühls »Zeit für Kinder«. Nach einem Diskussionsabend mit Ekkehard von Braunmühl lernten einige unserer Freunde Hubertus von Schoene-beck kennen, und die *1. Freundschaft mit Kindern-* Gruppe bildete sich in unserer unmittelbaren Umgebung.

Ich merkte, daß ich mit meinen Problemen nicht allein war. Ich lernte, mich und andere besser kennen und verstehen. Ich lernte, mich selbst zu akzeptieren und andere anzunehmen, wie sie sind. Das war eine ganz wichtige Erfahrung, weil ich in früheren Zeiten versuchte, andere Menschen in meinem Sinn umzukrempeln, zu manipulieren, zu therapieren, zu missionieren.

Langsam wurde ich mutiger, vor meinen Eltern, Freunden und Bekannten, Schülern und deren Eltern, Kollegen und Vorgesetzten zu mir selbst und meiner Meinung zu stehen. Ich brauchte das Versteckspiel nicht mehr. Da es mir leichter fiel, die Fehler, Schwächen und Meinungsverschiedenheiten anderer Menschen zu akzeptieren, konnte ich auch ebenso leicht zu meinen eigenen Fehlern stehen. *Freundschaft mit Kindern* half mir, nicht mehr nachtragend zu sein und Geschehenes aus dem Augenblick heraus anzupacken. Ich lasse ebenso nicht mehr zu, daß Probleme einfach geschluckt, vertuscht oder auf lange Sicht verdrängt werden. Ich habe den Eindruck, daß es meiner Umwelt jetzt leichter fällt, mich zu akzeptieren.

Ich lasse mich von Beruf, Familie u. a. nicht mehr vereinnahmen. Ich nehme mir Zeit für mich selbst. Dennoch ist Zeit für meine Familie und andere Menschen da. Ich sehe viel bewußter und habe mehr Gespür als früher, wenn andere mich brauchen. Ich mache Angebote an meine Mitmenschen, wenn ich gerne mit ihnen zu tun haben will. Wenn andere mit mir zusammen etwas machen wollen, entscheide ich mich, ob ich ihnen von meiner Zeit schenke. Ich lasse mich nicht mehr zwingen oder überreden, wenn ich nicht mag. Das begründe ich dann auch.

Freundschaft mit Kindern war und ist die Starthilfe, Verstärker und Beschleuniger für meine persönliche Entwicklung. Natürlich gibt es immer noch viele Rückschläge und Durststrecken. Ich fühle und sehe noch lange keinen Abschluß für diese Phase, möchte auch keinen Schlußstrich ziehen. Ich möchte nicht erstarren, sondern lebendig bleiben.

13. Gertrud (31)

In der Erinnerung an meine Kindheit scheint es schon immer für mich das Wichtigste gewesen zu sein, den Wünschen und Erwartungen anderer gerecht zu werden – um ihnen zu gefallen und geliebt zu werden. Heute möchte ich von Michael und meinen Kindern geliebt werden. Doch ich bin nicht mehr so abhängig davon.

Michael mag ich sehr gerne. Ich habe das Gefühl, daß die »neue Beziehung« für uns auch ein neues Fundament geschaffen hat. Ich höre endlich auf, ihn verändern zu wollen und merke dabei, daß ich viel mehr Wärme und Nähe von ihm spüre als je zuvor, auch in Zeiten der ersten Verliebtheit. Ich genieße unsere Vertrautheit, die sich immer mehr entwickelt und die mir sehr wertvoll ist.

Im Streit setzen wir uns auseinander wie zwei Gegner, zwei verschiedene Parteien, und ich habe die Sicherheit, daß mir nichts Schlimmes passieren kann. Ich werde nicht mehr hinterher auf einzelne Worte festgenagelt. Wir sind jetzt in der Lage, Ärger und Wut über den anderen, der ja eigentlich nur Auslöser dieser Gefühle ist, anders einzuordnen und können deshalb auch anders damit umgehen. Wir haben oft über unsere Kindheit und die damit verbundenen Gefühle gesprochen und können so den anderen besser sehen und hören und verstehen. Ich habe nicht mehr das Bedürfnis, Streit total zu klären und bis ins Letzte auszutragen. Ich habe die Möglichkeit, Dinge offen zu lassen. Der Tag geht dann weiter und wir können uns wieder begegnen.

Früher habe ich oft gefühlt, daß mich Michael nicht genug liebt, doch ich merke immer mehr, daß das von mir selbst und meinen Ansprüchen an ihn ausging. Auch hat es sicher etwas mit meinem Selbstwertgefühl zu tun. Ich habe manchmal Wünsche, von denen ich natürlich gern hätte, daß Michael sie auch erfüllt. Aber ich bin jetzt frei in meinen Wünschen, d. h. nicht mehr gefangen im alten »was man macht« und kann auch besser seine Grenzen sehen und akzeptieren. So erinnern mich manche Verhaltensweisen von ihm an negative Erlebnisse mit meinem Vater. Ich kann das nur sagen und kaum erklären. Ich bitte Michael dann, dieses oder jenes nicht zu tun. Manchmal unterläßt er es dann, und wenn nicht, gehe ich eben weg, lehne ihn aber deshalb nicht wie früher total ab. Ich merke von Michael, daß er mit meinen Gefühlsausbrüchen besser als früher klarkommt, und kann sie mir deshalb auch ohne schlechtes Gewissen leisten. Ich glaube, er lädt sich nicht mehr meine Last auf seine Schultern.

14. Michael (33)

Den theoretischen Aussagen von *Freundschaft mit Kindern* begegnete ich anfangs mit Skepsis. Sie waren mir zu gefährlich, als daß ich mich vorbehaltlos darauf hätte einlassen können. Beeindruckend waren jedoch die Menschen. Sie gingen echt miteinander um. Sie waren betroffene und mitfühlende Zuhörer. In dieser Umgebung konnte ich mich auf mich selbst einlassen und die mit viel Energie gespielte Sicherheit aufgeben. Ich konnte Wut, Angst und Unsicherheit zulassen. Ich erlebte seit langem wieder, wie mich Weinen befreite.

Diese Begegnung änderte auch die Beziehung zu Gertrud, meiner Frau. Ich hatte zuvor meine wahren Bedürfnisse häufig unterdrückt, wenn sie mit ihren nicht übereinstimmten. Ich scheute die Auseinandersetzung, weil die vermeintliche Harmonie zwischen uns gestört werden konnte. Für Gertruds Glück fühlte ich mich verantwortlich. Solange sie sich wohl fühlte, so meinte ich, würde es auch mir gut gehen. Die Realität sah anders aus. Keiner von uns fühlte sich wirklich wohl, denn auch Gertrud hatte sich ein ähnliches Muster im

Umgang mit mir zurechtgelegt. Durch *Freundschaft mit Kindern* erkannte ich meine kindliche Rolle, die ich noch immer spielte, so wie ich früher den Ansprüchen der Erwachsenen entsprochen hatte, um geliebt zu werden.

Ich hatte das große Glück, daß auch Gertrud sich für diese neue Lebensart entschied. So konnten wir uns gemeinsam entwickeln. Heute begegnen wir uns mit viel mehr Offenheit und Verständnis. Wir sind einander näher als früher. Wir können uns unterstützen, wenn Kraft dazu vorhanden ist. Wir können uns auseinandersetzen. Ich lerne zu ertragen, daß es ihr schlecht gehen kann, ohne daß ich das auf mich beziehen muß. Ich lerne, für mich selber zu sorgen. Bis heute haben wir viele Rückfälle in alte Verhaltensmuster erlitten. In Zukunft wird das nicht viel anders sein. Das entmutigt mich nicht und rüttelt nicht an meinem positiven Selbstbild, das ich durch *Freundschaft mit Kindern* gewonnen habe.

15. Jans (47)

(Jans-Ekkehard Bonte schrieb im Frühling 1978 mit mir das erste *Freundschaft mit Kindern*-Papier, und gemeinsam haben wir bis heute die dynamische Entwicklung dieser Idee und Lebensart mitverfolgt und mitgestaltet.)

Ich begegnete 1978 Hubertus, dem Antipädagogen. Wir machten Öffentlichkeitsarbeit für den Deutschen Kinderschutzbund. Ein halbes Jahr standen wir jeden Samstag am Info-Stand in der Fußgängerzone. Wir diskutierten mit Erwachsenen und Kindern. Ich merkte, daß ein »Verein Anonymer Kinderfeinde« und ein »Erwachsenenschutzbund« notwendig wären, um wenigstens einen Teil der Ängste und Wut aufzufangen, mit der Menschen hier leben.

Damals begann ich mit anderen Freunden, die Möglichkeiten zu psychodynamischen Prozessen durch intensives Zuhören auszuprobieren. Eine Stunde lang den eigenen Gefühlen nachspüren, begleitet von der intensiven, schweigenden Aufmerksamkeit eines liebevollen Zuhörers, bringt seit Kindertagen gestaute Energie wieder zum Fließen. Es entladen sich nicht nur Gefühlsspannungen durch

Lachen, Weinen oder Zittern zum Beispiel aus dem Körper. Vor allem stehen die alten Situationen wieder vor Augen, steigen die alten Informationen wieder ins Bewußtsein und werden spontan neuausgewertet in die Form, die für mich im Heute sinnvoll ist. Ein alter Schmerz, ein alter Schrecken, der bis hierhin in jeder ähnlichen Situation wie damals stets von neuem das Denken blockiert hatte, wird durchschaubar, wird in seinem Sinn für mich damals und für mich heute begreiflich. Von Sitzung zu Sitzung verändert sich mein Weltbild. Wir machen solche Sitzungen paarweise, jeder eine Stunde, manchmal jeden Tag. Das war mein Zugang zu *Freundschaft mit Kindern* und mein Beitrag dazu.

Im privaten Bereich bin ich sehr wählerisch geworden darin, mit wem ich Kontakt haben will. Wir haben zum Teil andere Umgangsformen gefunden. Anstatt miteinander Konflikte auszutragen, Probleme zu diskutieren, hören wir einander zu, wenn dem einen ein Problem auftaucht. Wir merken, daß eigentlich keines der Probleme, das einer mit dem anderen zu haben scheint, wirklich mit diesem anderen zu tun hat. Wir sind nicht Ursache sondern Anlaß für die Gefühle, die in dem einen hochkommen.

Für mich ist es dabei hilfreich, ja wichtig, daß ich mich mit Menschen gleicher Denkungsart verbunden habe, daß wir ein Netzwerk von Unterstützern gebildet haben. Auf dieser Grundlage gegenseitigen Vertrauens in die Souveränität des anderen und der uneingeschränkten gegenseitigen Wertschätzung brauche ich nicht zu warten, bis sich die Gesellschaft ändert, damit ich mich leben kann. Ich habe gemerkt, daß diese gesellschaftliche Veränderung begonnen hat in dem Moment, wo ich angefangen habe, mich auf mich einzulassen, gelegentlich sogar schon ohne Hintertüren.

16. Doris (27)

Ich habe mir sehr lange und reiflich überlegt, was ich schreiben will. Für einen ausführlichen Bericht über die Veränderungen der letzten zwei Jahre reicht der Platz nicht. Ausschnitte schienen mir unvollkommen. Heute Abend kam mir die Idee, Euch zu erzählen, was mir das Wichtigste geworden ist – Liebe.

Bedenken, es könne platt wirken, davon zu schreiben, wo ich Euch weder anfassen noch anlachen kann, habe ich ausgeräumt. Es bleibt ein Rest Angst, mich auszuziehen. Aber nackt sehe ich eigentlich besser aus als angezogen.

Also, nachdem ich mich von meinem Anfangs-*Freundschaft-mit-Kindern*-Schock erholt hatte, habe ich mir des Sonnenkönigs Hubertus Worte zu Herzen genommen und es vorsichtig aber bestimmt mal mit der Selbstliebe versucht. Aus 26jähriger Erfahrung war mir immerhin schon klar, daß weder Kritik noch Selbstkritik je meine Leistungen verbessert, bestenfalls den Streß erhöht hatten.

Er hatte es schwer mit mir am Anfang. Ich wollte und wollte das mit der Selbstliebe nicht so recht begreifen. Dabei war ich längst entflammt.

Tja, und das war wohl der größte Schritt. Ich fing an, meinem Gefühl – in diesem Zusammenhang besser als Instinkt bekannt – mehr zu trauen als meinem vollgepfropften Kopf. Zugegeben, der funktioniert auch ganz prima, aber damals jedenfalls etwas starr.

In Hubertus neuer Welt, die noch lange nicht meine war, wurde ich immer mutiger und neugieriger. Alice im Wunderland. Mit dem »wahren Leben« hatte das ja alles nichts zu tun, mir konnte nichts passieren. Ich lernte Menschen kennen, die einfach lieb zueinander – und zu mir – waren und die sich ihrer Tränen nicht schämten und die Liebe vermißten. Obwohl mein Mißtrauen sich hartnäckig Nahrung suchte – und sucht –, war das nicht zu übersehen.

Und dann habe ich mich erstmal in diese Menschen verliebt. Mein Selbstbild war – kopfgesteuert – nach wie vor von Selbstzerstörung bestimmt. Doch irgendwie hörte das auf, mich am sinnvollen Handeln zu hindern. Gewöhnt, Doppelleben zu führen, störte es mich nicht, was anderes zu tun als zu denken. Ich ging auf die Menschen zu, sie wichen nicht zurück, sondern nahmen mich in den Arm und lehrten mich, es auch einmal so zu versuchen.

Ich lernte Jans kennen, ging auf ihn zu und fand offene Türen.

Aber halt, stop: Die Emanzipation. Hatte ich nicht längst meine wahren Ideale aus dem Blick verloren? Waren Männer nicht mehr die geborenen Unterdrücker, sondern Menschen?! Nein, nein, nein. Wieder mußte Hubertus zum Streit herhalten.

Er gab mir zu verstehen – auf recht schwer verdauliche Weise –, daß er sich jedenfalls nicht im Stande fühlt, mich mit meinem Geschlecht zu versöhnen. Immerhin, es hat gewirkt: Verflucht, ich bin gerne eine Frau, das ist schließlich keine Krankheit! Und wer sollte das den Männern vorleben, wenn nicht wir Frauen. Außerdem fehlt mir jede Lust – zumindest ausschließlich – lesbisch zu werden. Also bleibt es der Herrenwelt nicht erspart, mit mir auszukommen.

Das Heiße war, daß das auf einmal auch ganz einfach wurde. Ich fühlte mich wohl – kein Ansatzpunkt von Unterdrückung, stattdessen erste wirklich intensive Erfahrung von Ergänzung.

Und das nicht nur mit Männern, sondern auch mit meiner Frauen-Wohngemeinschaft. Statt pedantischem Pochen auf Frauensolidarität – was übrigens von geringem Erfolg gekrönt war – macht sich Akzeptanz breit. Jede ist anders und zusammen ergeben wir ein rundes Bild. Es ist warm geworden zu Hause und ich habe keineswegs den Eindruck, daß das unserer Selbständigkeit geschadet hat.

17. Conni (28)

Ich bin seit einem ¾ Jahr Referendarin an einer Grundschule. Als ich mit dem eigenen Unterrichten begann, waren die ersten Monate total anstrengend. Zwei oder drei Stunden in der Schule reichten schon aus, um mir fast die ganze Energie für den restlichen Tag zu rauben. Nach den Ferien hatte ich ein kurzes Gespräch mit Menschen, die im Sinne von *Freundschaft mit Kindern* leben, und denen ich meine Not anvertraute. Es fielen Worte wie »*Freundschaft mit Kindern* fängt bei *dir* an« und »großer Anspruch an dich selbst«.

Danach war es wirklich anders. Ich ging jetzt mit dem Bewußtsein in die Klasse, für *mich* das Beste tun zu dürfen (!), frei zu sein von dem Anspruch, pausenlos kinderfreundlich zu sein. Ich bin viel lockerer und ungezwungener. Ich habe außerdem mehr Energie und Aufmerksamkeit für die Kinder, seitdem ich mir offenhalte, mich auch einfach durchzusetzen, wenn es mir zuviel wird. Und es wird mir tatsächlich seltener zuviel. Diese innere Freiheit reichte mir schon: die Möglichkeit zu haben, nicht immer »lieb« zu ihnen zu sein.

Es gibt sogar Zeiten, in denen ich meine Lehrerrolle vergesse, und dann ist es überhaupt nicht anstrengend. Keine mühsamen Gedanken zum Wohl der Kinder, kein ständiges Neben-mir-Stehen und Mich-Beobachten, sondern einfach machen! Und es ist immer wieder schön, soviel Wärme und Zuwendung von den Kindern zu bekommen, einfach so. Die Freude, wenn ich komme, die kleinen Geschenke, das Auf-mich-zu-Rennen, das alles tut mir gut.

Und wenn ich sie so sehe, wieviel Tragfähigkeit, Geduld und Toleranz sie den Lehrern entgegenbringen, wie sie nicht nachtragend sind, wieviel Kraft sie haben, mit schlechten Behandlungen umzugehen, dann bin ich ganz erschüttert. Wieviel können sie vertragen, bis dieses Potential verschüttet ist! Die fröhlichen, lebendigen Kinder täuschen manchmal darüber hinweg, wieviel Schlimmes ihnen angetan wird. Der Eindruck könnte entstehen: So schlimm ist die Schule doch nicht. Doch, die Schule ist schlimm und verheerend. Die Kinder haben, gerade in der Grundschule, nur noch soviel Kraft.

Und sie passen sich an, jeder auf eine andere Art. Viele haben sich mit ihrer Unterdrückung schon identifiziert. Ich versuche, bei jeder Gelegenheit soviel von ihren Menschenrechten zu retten, wie es nur geht. Vor allem bei den vielen »Dürfen wir . . .«-Fragen. Und wenn ich durchgreife, versuche ich nicht, das zu beschönigen im Sinne von »es muß sein«. Und ich bin glücklich, wenn ich ohne Anspruch an mich und an sie mit ihnen umgehe, minutenweise. Das Wichtigste ist: mich trauen, so wie ich bin, auf die Kinder zuzugehen, mit meinen Gefühlen, meinem Wissen um ihre Rechte, mit meinen Zweifeln und meinen Ängsten.

Weil ich die Kinder dort mag, gehe ich noch gern in die Schule, dieses halbe Jahr. Was ich dann mache, weiß ich noch nicht.

18. Jutta (47)

Es war im Herbst 1978, als ich das erste Mal von *Freundschaft mit Kindern* hörte. Ich war damals 42 Jahre alt und lebte in einer kritischen Lebensphase. Voll Unsicherheit und Zweifel war mein

Leben. Meine 22 Jahre andauernde Ehe drohte kaputtzugehen, die ersten 3 Kinder waren bereits aus dem Haus – nach anstrengenden Auseinandersetzungen während ihrer Pubertätsjahre –, mein jüngster Sohn, der noch zu Hause lebte, war schwierig und verschlossen. Ich war damals auf der Suche nach Sicherheit für mich.

So besuchte ich einen Vortrag des Autoren Ekkehard von Braunmühl, der sein Buch »Zeit für Kinder« vorstellte. v. Braunmühl hatte zur Unterstützung seiner Ideen Hubertus von Schoenebeck und Jans Bonte mitgebracht. Die drei Vortragenden fielen mir sofort durch ihre Andersartigkeit im positiven Sinne auf. Sie bildeten nämlich nicht, wie sonst üblich, einen Autorenkreis, der erhöht vor seinen Zuhörern thront, sondern sie stellten einige Stühle im kleinen Kreis auf inmitten der ca. 150 Menschen, die gekommen waren, um von ihnen zu hören. Sie machten den Vorschlag, daß sich einige Leute aus dem Publikum mit in den Kreis setzen könnten, um dann gemeinsam mit ihnen über das Thema »Kindererziehung« zu reden. Ich hatte den Mut und das Glück, als einzige Frau und Mutter mit in diesen Kreis hineinzukommen.

Ich erzählte dort von den Schwierigkeiten, die ich mit einem meiner Söhne hatte und von meinen Schuldgefühlen und von dem Vorwurf an mich, vieles an der Erziehung dieses Sohnes falsch gemacht zu haben. Als Antwort bekam ich sinngemäß dann von den drei Fachleuten rübergeschickt, daß ich gar nichts falsch oder richtig gemacht haben könnte, sondern sicher das getan habe, was in meiner Macht stand, daß ich das gemacht habe, was *ich* machen konnte. Diese Botschaft saß bei mir! Die tiefe Erkenntnis erreichte meine Gefühle – die Last der Schuld wich plötzlich von mir ab. Ich hatte ja wirklich immer nur das getan, von dem ich annahm, daß es richtig wäre.

Damals wußte ich so genau noch nicht, was es bedeuten würde, von meinem alten Anspruch abzulassen, zu erziehen und für andere zu wissen, was gut für sie sei. Ich wußte nicht, wie schwer es ist, die alten Gewohnheiten abzulegen, wirklich zu akzeptieren, daß nur jeder selbst für sich weiß, was für ihn gut ist. Es begann also ein langer Prozeß des Lernens und des Übens der neuen Beziehung ohne Erziehung.

Mir war intellektuell klar, daß ich nicht in anderer Leute Köpfe sehen kann, also keinesfalls für einen anderen Menschen entscheiden kann – auch nicht für meine Kinder. Von dieser Grundhaltung überzeugt fing ich an, in einer Gruppe von Gleichdenkenden diese neue Beziehung zu üben, d. h. mich mit ihnen auszutauschen, von den Versuchen, Erfolgen und auch Mißerfolgen im Umgang mit anderen Menschen zu reden. Wir trafen uns von nun an einmal wöchentlich, ca. 4 Stunden. Diese Abende wurden für uns alle sehr wichtig, und wir beginnen gerade das vierte Jahr unserer regelmäßigen Treffen.

So ganz allmählich wurde mir immer klarer, daß es hier nicht um eine »noch bessere, liebevollere Erziehung«, ein noch geschickteres Umgehen mit Kindern geht – also um etwas *für* andere Menschen –, sondern daß *ich* es bin, die hier in Beziehung zu jemandem steht, daß *ich* es bin mit meiner ganzen Person, mit meinem Fühlen und meinem Denken. Ich begriff, daß ich es bin, die hier im Mittelpunkt allen Geschehens steht. Ich fing an, mich erstmalig wahrzunehmen, mich ernst zu nehmen, zu merken, was mit mir geschieht. Zu merken, was passiert, wenn ich meine Interessen nicht richtig vertreten kann, zu merken, was ich mache, wenn ich mich durchsetze, zu merken, wie das ist, wenn ich wütend werde, mich freue . . .

Ich begriff, daß es auch mit mir als »erzogenes Kind« zu tun hat, mit meinen alten anerzogenen Mustern aus meiner Kindheit, meinen schmerzvollen Enttäuschungen, meinen Vorurteilen von dem, was sich gehört und was nicht, meinen Beschränkungen und auch mit meinen sinnvollen, alten Konditionierungen, die ich durch meine Eltern und Kulturbedingungen erfahren habe. Ich bekam Klarheit über das, was sich in mir abspielte.

Ich konnte mir nun mit diesen wahrnehmenden Kenntnissen über mich neu überlegen, was ich von den vielen anerzogenen Gesetzen, die mich leiteten, behalten wollte, weil sie sinnvoll und hilfreich für mich sind, und was ich an Gesetzen heute nicht mehr für mich will, weil sie mich behindern. Mir wurde klar, daß ich mich *jederzeit neu* entscheiden kann, das eine oder andere zu tun. Die Entscheidung liegt bei mir. Das war eine wichtige Erkenntnis für mich. Sie gab mir

das Wissen, daß ich einmalig und selbständig meine Dinge bestim-
men kann, also meine Entscheidung habe, was ich tue, ob ich z. B.
abhängig sein will oder nicht. Es war eine weitreichende Erkenntnis
für mich, festzustellen, daß mich niemand wirklich zwingen kann
und ich immer der Meister meiner Belange bin.

Ich übernehme die Verantwortung für mich. Das geht bis in alle
Bereiche meines Lebens hinein. Es betrifft meinen Körper, meine
Seele, meine politischen Auffassungen, überhaupt alles. Ich komme
mir wie aufgeweckt vor. Ich bin von einer grauen Maus, die
leidensfähig immer nur für andere sorgte, zu einer selbstbewußten,
aktiven und munteren Frau geworden, die sich ihres Lebens freut,
aufmerksam mit sich und anderen Menschen umgeht, die etwas über
Körpersprache lernt, ein Gefühl für Energien bekommt, die Traurigkeit und große Freude erlebt, kurzum, die sich rundum wohlfühlt.
Und das alles, obwohl meine Ehe inzwischen nicht mehr besteht, ich
also alleine lebe. Ich kann »Ja« sagen zum Leben, mit allem Rauf
und Runter. Mein altes Kindheits-O.K.-Gefühl habe ich wiedergefunden, nachdem ich so mancherlei Gerümpel, was durch Erziehung
darüberlag, beiseite schaffen konnte. Ich kann mich so akzeptieren,
wie ich gerade heute bin. Ich habe nicht mehr den Zwang, mich
bessern zu müssen, dieser alte pädagogische Anspruch ist Gott sei
Dank von mir gewichen. Wann immer ich mit Menschen zu tun habe
– besonders mit jungen Menschen –, gehe ich von ihrer Souveränität
aus, möchte ich sie sehen, wie sie sind, von ihnen lernen, mit ihnen
leben, mit ihnen lieben.

Grundlagen

I

Da mir bewußt ist, daß der vorausgegangene Teil ebenso wie der psychodynamische Teil des Buches das Gefühl anspricht und es vielleicht nicht einfach ist, sich jetzt intellektueller Argumentation zuzuwenden, stelle ich zunächst die Antipädagogik und die Psychotherapie von Carl Rogers vor. In beiden Bereichen können die Aussagen der vorangegangenen Kapitel noch emotional mitschwingen, ehe es im weiteren Verlauf der *Grundlagen* immer mehr in abstraktes und intellektuelles Denken geht.

In bezug auf die Antipädagogik gilt, daß Leitwerte – wie zum Beispiel »Verantwortung«, »Beziehung«, »Helfen«, »Entwicklung« – nicht mehr pädagogisch interpretiert, assoziiert, gedacht werden, nicht mehr in Verbindung mit pädagogischen Werten, Mustern und Normen stehen. Es führt unweigerlich zu Verständnis- und Verständigungsschwierigkeiten, wenn nicht beachtet wird, daß antipädagogisches Denken eine eigene Bezugs- und Wertewelt hat. Die Begriffe sind dieselben geblieben, aber die Inhalte unterscheiden sich. In der antipädagogischen Ideenwelt schwingt immer das »Jeder weiß selbst am besten, was für ihn gut ist« mit, während das pädagogische Ideengebäude alles auf die Grundaussage »Ich (Erwachsener) weiß besser als du (Kind), was für dich das Beste ist« bezieht.

Hinsichtlich der Psychotherapie von Carl Rogers muß beachtet werden, daß sie viel mehr eine hochwirksame therapeutische Philosophie und für viele Menschen bereits eine Art der Lebensführung ist als nur eine therapeutisch-fachliche Methode oder Technik. Ihre Grundlage ist ein positives und konstruktives Menschenbild.

1. Antipädagogik

Ekkehard von Braunmühl schrieb 1975 das Buch »Antipädagogik«. Seine wichtigste Aussage für die Entwicklung der neuen Beziehung ist die Absage an die »pädagogische Ambition«, d. h. die erzieherische Anspruchshaltung. Diese Haltung äußert sich in dem Kernsatz: »Ich weiß besser als du, was für dich gut ist«. Diese Grundlage findet sich in jeder pädagogischen Richtung, sowohl in der demokratischen Erziehung wie in der Laisser-faire-Erziehung, in der antiautoritären, emanzipatorischen, sozialistischen, partnerschaftlichen, in der Montessori-Pädagogik, der Waldorfpädagogik und wie sie alle heißen mögen.

Erst ein Umgang mit jungen Menschen auf der Grundlage des Kernsatzes »Jeder weiß selbst am besten, was für ihn gut ist« ist von gänzlich neuer Art und wird »antipädagogisch« genannt.

Es ist oft unmöglich, Menschen, die in pädagogischen Denkbahnen leben, den Sinn des antipädagogischen Kernsatzes verständlich zu machen, bei dem es um die Fähigkeit des Menschen zur Selbstbestimmung und Freiheit geht. Wer fest in die pädagogische Denkwelt integriert ist, kann sich Kinder immer nur an einer in der Hand der Erwachsenen befindlichen Leine vorstellen. Dabei räume ich gern ein, daß diese Erwachsenen sich große Mühe geben und eine Unmenge Engagement, Geduld und guten Willen haben, um der letztlich in ihrer Hand liegenden Führung junger Menschen zu deren Besten gerecht zu werden. Und die moderneren Erziehungsauffassungen haben die Länge dieser Führungs- und Verantwortungsleine verlängert, der Spielraum der Kinder und auch der Erzieher ist größer geworden.

Ich sehe durchaus den Unterschied zwischen einer rüden autoritären Erziehung und einer partnerschaftlichen Erziehung. Doch ich sehe auch, daß immer noch die Leine existiert, an der auch noch so fortschrittliche Pädagogen die Kinder halten. Die antipädagogische Position ist, von der Selbstbestimmungsfähigkeit des Menschen *von Geburt an* auszugehen: Jeder kann von Geburt an spüren, was für ihn das Beste ist. Niemand benötigt andere, die sein Bestes an seiner Stelle entscheiden, jeder kann dies selbst. Und das Bild einer Leine, an der man als junger Mensch hängen müsse – weil man ja doch nicht die eigenen Dinge selbst gut entscheiden könne –, ist für antipädagogisches Denken absurd. Genau dieses wiederum können sich pädagogisch eingeschworene Zeitgenossen nicht vorstellen, ja, sie halten es meist schon für logisch nicht korrekt. Ihre anthropologische *Annahme* eines erziehungsbedürftigen Menschen (aus der das Bild mit der Leine folgt) versteift sich dann zu dem »Beweis«, daß es unmöglich Menschen geben könne, die *nicht* erziehungsbedürftig seien. Genau hiervon wiederum gehen aber antipädagogisch eingestellte Menschen aus, und solange die pädagogische Welt nicht wenigstens die Möglichkeit einräumt, daß man Menschen auch so sehen und von dieser Position aus Beziehungen aufnehmen könne, solange wird es keinen Dialog zwischen der alten und der neuen Kultur geben.

Oft wird auch das antipädagogische Gedankengut mit der antiautoritären Erziehung verwechselt. Zunächst einmal: Alexander Neill bezog ganz deutlich in seinen letzten Schriften eine antipädagogische Position, so zum Beispiel in seinem Beitrag »Die Befreiung des Kindes« im gleichnamigen Sammelband aus dem Jahr 1973 (Neills Beitrag ist von 1971). Auch sein berühmtes Buch über Summerhill enthält keineswegs das, was die pädagogisch denkenden Zeitgenossen daraus machten. Ganz zu schweigen von der marketing-orientierten Schlagzeile »antiautoritäre Erziehung«, die der Verlag der deutschen Ausgabe 1970 überstülpte: Im Text selbst findet sich nichts, das eine derartige Übersetzung, zumal für den Titel, rechtfertigt. Immerhin ließ sich dies gut unter die damals in heftigem Aufruhr befindliche pädagogische Welt bringen, allein im ersten Erscheinungsjahr wurden 500 000 Exemplare verkauft. Im Original, das bereits 1960 erschien, heißt der Titel schlicht: »Summerhill, A Radical Approach to Child Rearing«. Kurzum: Neill wurde pädagogisch umfunktioniert, und aus seinem durchaus schon im Vorfeld antipädagogischer Ideen liegenden Text wurde die »antiautoritäre Welle«.

Antiautoritäre Positionen (nicht die von Neill, sondern die von denen, die Neill nicht verstanden und ihn als Aushängeschild für ihre pädagogischen Manöver benötigten) sind allemal pädagogische

Positionen: es geht um die Gestaltung der Leine, nicht um die Leine selbst. Antiautoritäre gehen ebenso wie alle anderen Pädagogen davon aus, daß ihnen das Mandat zusteht, für Kinder deren Bestes in Szene zu setzen – diesmal eben auf »antiautoritäre« Art. Während Antipädagogen die jungen Menschen ohne Wenn und Aber *selbst* entscheiden lassen, was für sie gut ist.

Im Unterschied zur antiautoritären Position gibt es für einen antipädagogisch eingestellten Menschen auch das Bekennen und Zurückgreifen auf Autorität. Die antipädagogische Theorie kennt das »antipädagogisches Notwehrprinzip«, d. h. jeder kann sich anderen – auch Kindern – gegenüber zur Wehr setzen. Ausnutzenlassen gibt es aus antipädagogischer Sicht nicht. Diese antipädagogische Position hat auch die neue Beziehung übernommen: Ich selbst bin zuständig, für meine Würde zu sorgen, meine Autorität der Autorität der anderen gleichwertig ins Spiel zu bringen. Ich muß selbst etwas tun gegen Ausgenutztwerden, es kommt niemandem sonst zu. Dies gilt selbstverständlich sowohl jungen als auch erwachsenen Menschen gegenüber, und in gleicher Weise steht dies ihnen mir gegenüber zu. Konflikte, die antipädagogisch eingestellte Menschen miteinander austragen, werden auf andere Art gelöst, als sich dies pädagogischer Geist vorstellen kann. Es stehen sich nicht der eine (Erwachsene) oben, der andere (Kind) unten gegenüber, sondern auf gleichwertiger und gleichberechtigter Basis tragen zwei Souveräne ihren Konflikt miteinander aus.

Für die neue Beziehung ist die Antipädagogik also in bezug auf die Absage an den erzieherischen Anspruch wichtig. Auch das antipädagogische Notwehrprinzip wird übernommen. Ein Zusammenhang mit der antiautoritären Erziehung besteht nicht.*

2. Psychotherapie von Carl Rogers

Als ich Carl Rogers Buch »Entwicklung der Persönlichkeit« las, war ich tief beeindruckt davon, daß es jemanden gab, der so konstruktiv

* Zur Umsetzung der antipädagogischen Position in ein konstruktives Zusammenleben mit Kindern siehe mein Buch »Unterstützen statt erziehen. Die neue Eltern-Kind-Beziehung«, München 1982.

über die Menschen denkt und von *dieser* Position aus so erfolgreich arbeitet. Rogers gründete eine eigene Richtung in der Psychotherapie, und er gehörte zu den ersten Therapeuten, die mit Gruppen arbeiteten. Während mich Ekkehard von Braunmühls Buch sehr ermutigte, erhielt ich durch Carl Rogers Buch wieder Sicherheit, daß ich mich selbst lieben kann, daß dies nichts Verbotenes ist, daß dies große soziale Energie freisetzt. Den gesellschaftlichen Zusammenhang beschrieb Rogers ausführlich in dem 1977 in den USA erschienenen Buch »Carl Rogers on Personal Power« (Die Kraft des Guten, München 1978), und als ich ihn 1976 besuchte, diskutierten wir über das Kapitel, das sich mit den Auswirkungen seines personorientierten Ansatzes auf das Zusammenleben mit Kindern befaßt.

In diesem Buch schreibt er über seine Arbeit (S. 8 f.): »Am nachhaltigsten hat sie die Auffassungen über Macht und Herrschaft in den zwischenmenschlichen Beziehungen beeinflußt . . . ›Es geht nicht darum, daß dieser Ansatz der Person Macht verleiht; er nimmt sie ihr niemals weg.‹ Daß eine scheinbar so harmlose Grundlage in ihren Implikationen so wahrhaft revolutionär sein kann, mag überraschend erscheinen. Es ist jedoch das zentrale Thema dessen, was ich geschrieben habe. Ich habe mich bemüht, die Tragfähigkeit des personenbezogenen Konzepts anhand von Beispielen aus dem Alltag und der Forschung zu verdeutlichen. Dieser Ansatz verändert den Charakter der Psychotherapie, der Ehe, der Pädagogik, der Administration, ja sogar der Politik von Grund auf. Diese Veränderungen deuten darauf hin, daß eine stille Revolution bereits im Gange ist. Sie zeichnen das Bild einer ganz anders gearteten Zukunft, in deren Mittelpunkt der neue selbstbestimmte Mensch stehen wird, der jetzt in Erscheinung tritt.«

Rogers' Therapie wird »Klientzentrierte Gesprächspsychotherapie« oder einfacher »personorientierte Therapie« oder auch »Gesprächstherapie« genannt. Dabei sind Therapeut und Klient gleichberechtigt, und im Zentrum der Aufmerksamkeit steht die Person selbst, und nichts, was an ihr – gar mit raffinierten Techniken – zu ändern wäre. Rogers Therapie ist eigentlich viel mehr eine therapeutisch hoch wirksame Philosophie als irgend etwas Methodisches oder Technisches. Sie ist für viele Menschen längst zu einer Lebensart geworden und hat weit über eine begrenzte therapeutische Situation hinaus Bedeutung. Als ich 1976 an einem gruppendynamischen Seminar des *Center for Studies of the Person* in La Jolla, Kalifornien teilnahm, das auf der Philosophie von Carl Rogers gründet, wurde mir eindrucksvoll klar, daß man die Kernaussagen seiner Therapie niemals als Methode anwenden, sondern nur als Person leben kann. Ein Therapeut, der im weißen Kittel »Rogers anwendet« ist ein Unding. Er selbst muß – ebenso wie der Klient – subjektive Person sein, also den Kittel ausziehen und von Mensch zu Mensch auf den anderen zugehen. Leider wird in Deutschland dieses Essential der Therapie von Rogers in der Regel mißachtet, und es wird eine Technik daraus gemacht. Rogers' Grundaussagen jedoch lassen sich nur im echten, unverstellten Umgang miteinander leben: Die *Akzeptanz* (ich nehme dich an, wie du bist), die *Kongruenz* (ich kann unverstellt ich selbst sein) und die *Empathie* (ich versuche, in deine Gefühlswelt einzuschwingen).

Die neue Beziehung übernimmt die drei Grundaussagen der Therapie von Rogers, vor allem aber ihren Geist und ihre Philosophie, die den Menschen als vertrauenswürdigen Organismus erkennt und uns sagt, daß wir alle Macht ein Leben lang bei uns selbst haben.

II

Dieser Abschnitt enthält zunächst einen Überblick über die Stellung der neuen Beziehung in der Entwicklung der Menschheit. Ich will verständlich machen, daß der Beziehungswandel, den wir heute erleben, nicht zufällig ist und seinen sinnvollen Platz in der Geschichte hat. Urzeit – Neolithische Revolution (Beginn der gegenwärtigen Kultur vor 10000 Jahren) – Atomare Revolution (Beginn der neuen Beziehung): Ich zeige den Zusammenhang dieser drei Stationen auf.

Der kulturanthropologische Aspekt der neuen Beziehung wird ergänzt mit Überlegungen zur Sexualität des Menschen. Im Unterschied zu vergleichbaren Säugetieren hat die Art Mensch von der

Natur ein einzigartiges Geschenk erhalten: Menschen können einander alle sexuellen Bedürfnisse zufriedenstellen. Dies setzt große soziale Energie frei, und der Friede unserer Körper ist die eigentliche Garantie für den Frieden.

Die übergreifende historische Betrachtung schließe ich mit einer kurzen antipädagogischen Interpretation biblischer Aussagen ab. Die 2000 Jahre alten Überlieferungen von Jesus enthüllen erst in antipädagogischem und nicht-hierarchischem Verständnis ihre wichtige Friedensbotschaft.

1. Kulturelle Entwicklung

Die ersten allgemein als solche anerkannten Vertreter der Gattung Mensch entwickelten sich – nach dem Auftreten erster Urformen vor 5 Millionen Jahren – vor etwa 500000 Jahren. Diese Menschen waren in Afrika, Europa und Asien weit verbreitet. Sie jagten Großwild, nutzten das Feuer und gebrauchten als Werkzeug einen einfachen Faustkeil. Ihre Lebensform war die Jagdsippe, und hunderttausende von Jahren lebten sie konstruktiv, friedlich und solidarisch miteinander.

Nach dem Ende der letzten Eiszeit trat vor etwa 10000 Jahren ein gewaltiger kulturgeschichtlicher Umbruch ein. Die klimatischen nacheiszeitlichen Veränderungen verknappten die Nahrung (das jagdbare Wild) dramatisch, und unter diesem tödlichen Druck entdeckten die Menschen damals Ackerbau und Viehzucht. Es kommt zur Überproduktion von Nahrungsmitteln und einem Anwachsen der Bevölkerung. Die ersten Stadtstaaten entstehen, und die umherstreifenden Jagdsippen werden allgemein durch die seßhafte Agrargesellschaft ersetzt. Die Auswirkungen dieser Entwicklung sind insgesamt so gravierend, daß diese historische Situation der Jungsteinzeit »neolithische Revolution« (Neolithikum=Jungsteinzeit) genannt wird.*

Es ist nun sehr aufschlußreich, diese geschichtliche Situation in

---

* Über die historischen Vorgänge informiert ausführlich und anschaulich das Buch »Aus der Steinzeit in den Weltraum«, Stuttgart 1981.

Beziehung zur Thematik »Unterdrückung, Krieg, Selbsthaß« einerseits und »Solidarität, Friede, Selbstliebe« andererseits zu setzen. Patriarchatskritische und antipädagogische Sicht erfaßt die Tragweite dieser Revolution und gibt Aufschluß über die Entstehung der Mentalität der Krieger. Das Wissen um diese Zusammenhänge bietet heute – in einer ebenfalls von tödlichem Druck gekennzeichneten Situation, der atomaren Revolution – Ansatzmöglichkeiten für die Rückgewinnung des Friedens.

Entscheidend war damals, daß durch die Landwirtschaft erstmals Nahrung über den Bedarf des Augenblicks hinaus produziert wurde. Was soll mit dem Überschuß geschehen? Er kann als Reserve aufgehoben werden, als Tausch- und Zahlungsmittel dienen. Doch die wichtigste Frage ist: Wer soll darüber entscheiden? Wer die Macht hat, die überproduzierten Nahrungsmittel unter seine Kontrolle zu bringen, kann über die, die darauf angewiesen sind, *Herrschaft ausüben*. Und er kann sich der Beherrschten zu seinen Zwecken bedienen. Erstmals in der Menschheitsgeschichte entstehen zu dieser Zeit Herrschaft, Unterdrückung und – übertragen auf den Umgang mit Kindern – pädagogisches Denken. Es entwickeln sich Privateigentum, Klassengesellschaft und die »Patriarchat« genannte Unterdrückung der Frauen und Kinder durch die Männer. Aus der einstigen Form gleichberechtigten Zusammenlebens von gleichwertigen und zum Überleben aufeinander angewiesenen Menschen der Jagdsippen entsteht mit der Zeit die demoralisierte und demoralisierende Gesellschaftsform, die bis heute andauert. (Weiterführend hierzu: Ernest Bornemann: Das Patriarchat, Frankfurt 1975.)

Diese Entwicklung vollzieht sich in vielen Teilen der nördlichen Hemisphäre, aber besonders wichtig werden die Geschehnisse im patriarchalischen Griechenland und Rom der Antike, weil sie das spätere Denken und Handeln der abendländischen Zivilisation entscheidend beeinflussen. Und als dann seit dem 15. Jahrhundert die europäischen Raubvölker daran gehen, sich den Rest der Welt unterlegen zu machen, wird das, was mit der neolithischen Revolution begonnen hat: Ausbildung von Herrschaft als patriarchalisch-pädagogische Kultur, weltweit zur Geißel aller Menschen.

Die Identität des Menschen wandelt sich entsprechend. Statt nicht-hierarchische gleichberechtigte Formen des Umgangs für menschengemäß zu halten, glauben die Menschen an Oben-Unten-Systeme und erleben sich selbst dabei je nach Situation oben oder unten. Sie verbannen in ihrem Herzen die eingeborene Idee, Gleicher unter Gleichen zu sein, und lernen das Oben-Unten in sich einzubrennen. Die neue Sichtweise wird ihnen von Geburt an vorgelebt, und aufgrund der pädagogischen Ideologie erfahren sie dies auch konkret an Leib und Seele. Die sich herausbildenden Religionen und Philosophien stützen die Herrschaftskultur als großer geistiger Überbau.

In der Neuzeit wird die Religion als wichtigste geistige Stütze von der Wissenschaft verdrängt, und mit ihrer Hilfe wird als letzte Stufe *dieser* Entwicklung des Menschen eine Waffe konstruiert und im Jahre 1945 zum Einsatz gebracht, die heute alle Menschen zugleich bedroht: die Atombombe. Wie vor 10000 Jahren geschieht in unseren Tagen etwas Revolutionierendes. Die Gattung Mensch ist *insgesamt* von Vernichtung bedroht – von Vertretern der eigenen Art.

Entsprechend gibt es auch wiederum eine Veränderung *in* den Menschen. Die nach 1945 geborene Generation hat nie eine Zeit ohne atomare Bedrohung erlebt, und sie ist auch die erste Generation, die sich wegen der weltweiten Kommunikationsmittel – durch Funk, Fernsehen, Satellit, Computer – zur Weltgemeinschaft verbunden weiß. Zum ersten Mal in der Geschichte beginnen die Menschen, sich vor der Menschheit insgesamt verantwortlich zu fühlen. Für die Menschen, die in diesem nachatomaren Gefühl leben, macht es keinen Unterschied, ob ein »Feind« getötet wird oder ihr Nachbar. Und es ist für sie eine äußerst absurde Vorstellung, zwar die eigenen Angehörigen mit allen Mitteln zu schützen, die »Feinde« dagegen mit Napalm und Neutronenstrahlen zu bedrohen. Diesen neuen Menschen ist die tiefe Gewißheit aus uralten Zeiten wieder gegenwärtig, daß es ein konstruktives, friedliches und solidarisches Zusammenleben gibt und daß sie – allem traditionellen Denken zum Trotz – das Recht haben, eine solche Existenz zu führen.

Wir stehen heute am Anfang, und es ist noch nicht zu übersehen, wie dies im einzelnen realisiert werden soll. Die neue Ich-Beziehung zeigt in dieser Situation die *Grundlage* für den dauerhaften Frieden und die Zukunft der Menschen auf. Die Kommunikationsform, die heute wieder vorstellbar ist, knüpft an das Wissen der Menschen um die gelungene Kommunikation und den Frieden an, wie dies seit tausenden von Generationen bis zur neolithischen Revolution die Realität der Menschen war. Die Übertragung dieses Wissens auf die heutigen Lebensverhältnisse hat begonnen, eine neue Epoche der Menschheit bahnt sich ihren Weg.

2. Sexueller Friede

Der sexuelle Friede – der Friede unserer Körper – ist das eigentliche Gegengewicht zu Unterdrückung, Krieg und Selbsthaß. Jeder von uns trägt diesen Frieden *von Natur aus* in sich, und wir alle können ihn miteinander realisieren. Die Herrschaftskultur muß dieses Vermögen des Menschen unendlich fürchten. Denn würde es gelebt – würden wir uns ganz allgemein immer wieder unserer friedlichen Absichten und unserer Liebe körperlich versichern –, könnte es Herrschaft des einen über den anderen, Vernichtung durch Krieg und schließlich die atomare Bedrohung nicht geben: Wenn wir uns und einander lieben, töten wir nicht.

Die grundlegende Bedeutung des sexuellen Friedens für die Entwicklung der Menschheit, für die Herausbildung von Individualität und Solidarität – für die personale und soziale Seite des *ich liebe mich* – wird deutlich, wenn man sich vor Augen hält, welche revolutionierende friedenstiftende Energie durch sein Entstehen unter die Menschen kam, was sein Verlust bewirkt und welche Möglichkeiten darin liegen, ihn wiederzugewinnen.

Es gelang der Gattung Mensch – wahrscheinlich zur Zeit des *Homo erectus*, also vor etwa 500 000 Jahren – durch eine Mutation des weiblichen Menschen die aufreibenden und den Zusammenhalt der Sippe gefährdenden Streitereien in der Zeit der Fortpflanzung zu beenden, und damit einen großen Vorsprung im Vergleich zu den anderen Säugern zu erzielen. Biologisch gesehen sind nur die männlichen Säuger ständig bereit für sexuelles Miteinander, und nur sie erleben den Orgasmus. Bei den Menschen nun wurde die Frau durch eine Mutation orgasmusfähig und ebenso wie die Männer in die Lage versetzt, jederzeit sexuell aktiv zu werden. Die ständige biologische Fähigkeit zum Sex und Orgasmus des weiblichen Menschen hat in der Welt der Säuger keine Parallele, sie ist ein einmaliges Geschenk der Natur an den Menschen.

Diese körperliche Veränderung hatte einschneidende Folgen für das Zusammenleben. Tag für Tag sind biologisch gleichwertig ausgestattete Partner vorhanden, um alle sexuellen Bedürfnisse zu befriedigen. Statt sich in Rivalitätskämpfen aufzureiben, die die männlichen Menschen bislang immer wieder zur Zeit der weiblichen Empfängnisbereitschaft austrugen, können die menschlichen Gruppen nun in ununterbrochener Gemeinsamkeit leben. Die sexuell befriedigte Lebensweise wirkt sich für alle friedensträchtig aus, und durch den beiderseitigen Orgasmus können sich sowohl Mann als auch Frau individuell erleben.

Neu war, daß die männlichen Menschen ihre Solidarität untereinander nicht mehr aufzugeben brauchten, wie dies bereits die Realität der weiblichen Menschen war. Und neu war, daß sich die weiblichen Menschen als sexuell glückserlebend erfahren konnten, wie dies bereits die Realität der männlichen Menschen war. Und neu war schließlich, daß sich beide als den anderen beglückend erfuhren. Solidarität und Glück wurde für die Menschen zu einer neuen Lebensgrundlage. Der gefundene sexuelle Friede machte die Menschen zu Wesen voller Selbstliebe und sozialer Energie.

Dies ging jedoch nur gut bis zur neolithischen Revolution. Dort kam Herrschaft auf, und diese Dinge wirkten sich auch auf das sexuelle Verhalten aus – und mußten es auch, denn der sexuell-soziale Friede ist dem Herrschaftsdenken radikal entgegengesetzt. Das Patriarchat brachte für die Frauen finsterste sexuelle und soziale Unterdrükkung. (Weiterführend hierzu: Volker E. Pilgrim: Der Untergang des Mannes, München 1973.)

Die Unterdrückung des sexuellen Friedens wurde Generation um Generation weitergegeben und in jedem Menschen, der geschlechtsreif wurde, erneut zur konkreten menschlichen Katastrophe. Auch jeder von uns hat dies erfahren, gedemütigt und geängstigt von der patriarchalisch-pädagogischen Herrschaftskultur. In der neuen Beziehung können wir uns dieser Schändung unseres Selbst durch diese Kultur vorsichtig und mühsam bewußt werden. Wir können uns schrittweise etwas von unserer urgewaltigen Sexualität zurückholen und in unseren Alltag übertragen. Aber dies ist doch sehr schwer. Müssen wir nicht zeitlebens auf den Sex starren wie das Kaninchen auf die Schlange? Können wir uns nach den Erlebnissen mit unserer Sexualität in der Kindheit noch jemals lustvoll erleben?

Die neue Beziehung zeigt hier eine wichtige Perspektive: Indem wir unseren Kindern das Recht zugestehen, ihren eigenen Lebensweg zu entscheiden und auch in der sexuellen Frage die eigenen Dinge selbst am besten zu wissen, geben wir ihnen erstmals nach einer langen Zeit wieder die sexuelle Kompetenz zurück. Sie werden dies wiederum ihren Kindern ermöglichen können, bis eine Generation heranwächst, die den sexuellen Frieden wieder spontan und ungebrochen zur Grundlage des Zusammenlebens macht, wie in der langen Zeit vor der neolithischen Revolution.

3. Biblische Aussagen

Vor 2000 Jahren lebte Jesus, und seine Aussagen gingen in die auch zu seiner Zeit schon bestehende patriarchalisch-pädagogische Kultur ein. Allerdings nur so, wie seine Zeitgenossen ihn verstanden und überlieferten, und sie waren längst geprägt vom Herrschaftsdenken, so wie dies heute auch noch ist.

Wenn man sich mit einer antipädagogischen Einstellung biblischen Aussagen zuwendet, wenn man mit den Augen der neuen Beziehung liest, was von Jesus überliefert ist, kann man überraschende Gemeinsamkeiten feststellen. Gemeinsamkeiten, die erst dann auffallen, wenn Jesus' Aussagen nicht mehr als Mitteilungen »eines da oben« zu »uns da unten« verstanden werden, sondern als Mitteilungen einer uns gleichwertigen Person. Was Jesus über sich sagte, gilt

– und dies ist die antipädagogische, nicht-hierarchische Position –
allgemein für einen jeden Menschen. Aus traditioneller Oben-
Unten-Sicht sagt er jedoch etwas, das nur ihm als übergeordnetem
Wesen zukommt und das wir nie erreichen können, da wir ja so
unendlich viel tiefer stehen.

»Ich bin die Wahrheit und das Leben«: Dies ist unmittelbares
Denken der neuen Beziehung. Denn jeder von uns ist der Mittelpunkt des Universums, ist Wahrheit und Leben. Wir selbst als Kern
allen Geschehens – dies ist Realität. Wir selbst machen uns immer
wieder die Wirklichkeit, jeder für sich, sie findet nicht »objektiv«
losgelöst von uns selbst statt. Wenn wir uns als Wahrheit und Leben
empfinden, wie dies vor 2000 Jahren auch Jesus von sich sagte,
entspricht dies der Selbstliebe, mit der wir geboren werden. Und als
Menschen, die – jeder einzelne – wahr sind und Leben sind, gehen
wir auf gänzlich andere Art miteinander um, als wenn der eine
irgendwie »wahrer« als die anderen ist.

»Der Mensch ist Ebenbild Gottes«: Allerdings, genau so ist es. Und
auf die Idee zu kommen, der Mensch sei böse und gefährlich, ist
Unsinn. Aber er kann es durch pädagogischen Psychokrieg werden.
Es gibt weitere deutliche Aussagen der Bibel, die – antipädagogisch
gesehen – Informationen über die neue Beziehung geben. Und es ist
spannend, diesen Text daraufhin einmal durchzugehen.

III

Hier befasse ich mich mit drei besonderen Auswirkungen der
patriarchalisch-pädagogischen Kultur. Sie bilden ein großes Hinder-
nis für die Übernahme der neuen Beziehung, und es gilt, sie zu
erkennen. Ich beschreibe die allgemeine Unterdrückung des Kindes
durch die Erwachsenen, die Klassenkampfcharakter hat und »Adultismus« genannt wird. Danach gehe ich auf einen speziellen Aspekt
dieser Unterdrückung ein: Den Versuch, durch die Einrichtung der
Zwangsschule der nachwachsenden Generation das eigene Denken
zu nehmen und in die von der Erwachsenenwelt gewünschte Rich-

tung zu lenken. Ich schließe mit einer Betrachtung der Wissenschaft im Gefüge der gegenwärtigen Kultur und mache deutlich, wo sie für die neue Beziehung hinderlich oder hilfreich ist.

1. Überwindung des Adultismus

Unsere Kultur hat uns daran gewöhnt, das Erwachsenenalter als das zentrale Alter anzusehen. Die erwachsenenzentrierte Sicht wird »Adultismus« (engl. adult=erwachsen) genannt. Mit diesem Begriff verbindet sich eine Bewertung: Er drückt einen Klassengegensatz von erwachsenen und jungen Menschen aus, und er ist ein für die Erwachsenenwelt negativer Begriff. Statt Adultismus wird auch schärfer »Erwachsenenchauvinismus« gesagt.

Wer einmal erwachsen ist, gehört zu den Adultisten. Dies passiert uns – wir können es nicht ändern: unsere Kultur treibt uns von der Art fort, in der wir als junge Menschen leben. Der späteste Zeitpunkt des Erwachsenwerdens, des Abgleitens in die Kultur der Erwachsenen ist dann gekommen, wenn wir uns im Zuge der sexuellen Reife endgültig den Normen der Erwachsenenwelt beugen. Dies geschieht beim einen früher, beim anderen später, aber generell ist dies wohl zwischen 15 und 17 Jahren abgeschlossen.

Mit Hilfe der neuen Beziehung können wir von der Unterdrückung freikommen, die wir aufgrund unseres Zugehörigseins zu den Erwachsenen gegen junge Menschen ausüben. Der Ansatz liegt dabei in der Befreiung des Kindes in uns selbst: wir finden wieder Zugang zu dem Wissen und der Weisheit junger Menschen und integrieren dies in unser Erwachsenenleben. Wer die neue Beziehung realisiert, wird sich immer weniger adultistisch verhalten, aber es ist große Vorsicht geboten, ehe man von sich behaupten kann, man wäre tatsächlich kein Adultist mehr.

Die Befreiung junger Menschen aus adultistischen Zwängen können wir nicht direkt betreiben. Sie muß von den jungen Menschen selbst erkämpft werden. Freiheit läßt sich nicht wirklich vom Klassengegner machen, und versuchten wir es trotzdem, trügen wir den Geist des Adultismus in ihre Reihen. Aber wir können schon etwas tun.

Wir können *selbst* damit aufhören, Unterdrückung auszuüben. Und wir können uns gesellschaftlich engagieren, indem wir unsere Miterwachsenen aufklären und ihnen helfen, ihrerseits adultistisches Verhalten überhaupt zu erkennen und abzulegen.

In der Kinderrechtsbewegung wird von ihren radikalen Vertretern gefordert, daß sich auch Erwachsene im »Kinderbefreiungskampf« direkt auf der Seite der Kinder engagieren sollten. Dies bringt jedoch aus der Sicht der neuen Beziehung eine doppelte neue Unterdrückung. Zum einen werden jetzt die Erwachsenen – die groß gewordenen Kinder – zurückgedrängt und gegenunterdrückt. Die Gegenunterdrückung führt jedoch keinen Schritt weiter. Zum anderen zwingen solche Erwachsene jungen Menschen ihre Form des Kampfes auf. Und daß das Eintreten für die eigenen Rechte überhaupt »Kampf« genannt wird, ist ja schon eine typische Erwachsenensache. Viel wahrscheinlicher als ein »Kinderbefreiungskampf« ist, daß junge Menschen der Unterdrückung der Erwachsenen nicht mit Gegenunterdrückung antworten, sondern mit friedlichen Mitteln, mit Mitteln, die aus der ihnen noch nahen Selbstliebe kommen, welche ja die anderen miteinschließt. Und leben die Kinder uns nicht immer wieder ihre Versöhnungsbereitschaft, ihre Fairneß und Solidarität vor? »Kämpfen« sie nicht schon deutlich genug? Junge Menschen gehen ihren Weg als *Frieder*, und das kämpferische Erwachsenenverhalten ist nicht von ihrer Art. Wer von ihnen lernt, was es bedeutet, ein Frieder zu sein, ist der aktivste Posten im Bemühen, sie vom Joch der patriarchalisch-pädagogischen Unterdrückung zu befreien. Rechte junger Menschen, wie ich sie zum Beispiel im »Deutschen Kindermanifest«* 1980 zusammengestellt und proklamiert habe, zeigen der Erwachsenenwelt, wo sie unterdrückt, sind aber nicht ein Aufruf zum Kampf *gegen* Erwachsene. Und wir können in unserer eigenen Welt dafür arbeiten, daß Menschen- und Bürgerrechte eines Tages auch für alle jungen Menschen Selbstverständlichkeit sind.

Die Kinderrechtsbewegung stellt die Rechte der Kinder der unter-

---

* »Kinderrechtsbewegung und Deutsches Kindermanifest«, Broschüre vom *Freundschaft mit Kindern*-Förderkreis e. V., Münster 1981.

drückerischen Erwachsenenwelt nachdrücklich in Rechnung. Bei der Frage, wie Adultismus abgebaut werden kann, gibt es einmal die traditionelle, von Herrschaftsdenken geprägte Antwort. Sie wird uns von den Kinderbefreiungskämpfern gegeben, sie ist Gegenunterdrückung und geht am Wesen der Lebensart der Kinder vorbei. Da sie die eigene Art der jungen Menschen nicht respektiert, sondern ihre eigenen Erwachsenenkampfmittel ins Spiel bringt, ist sie eigentlich nichts als eine besondere, versteckte Form des Adultismus.

Die andere Antwort gibt die neue Beziehung: Wir lernen von den jungen Menschen, wie sich als *Frieder* für die eigenen Interessen eintreten läßt. Wir verbünden uns mit dem Kind in uns, und wir gehen zu den anderen Erwachsenen und klären sie über Adultismus und den gleichberechtigten Umgang mit jungen Menschen auf. Der Abbau adultistischer Zwänge geschieht nur, wenn ihr Kern – die patriarchalisch-pädagogische Geisteshaltung – von innen, das heißt: mit den Herzen der Erwachsenen überwunden wird.

2. Aufdecken des Schulzwangs

In der Kinderrechtsliteratur gibt es deutliche und eindrucksvolle Darstellungen darüber, daß in der Schule jungen Menschen die unveräußerlichen Menschenrechte auf Gedankenfreiheit und selbstbestimmtes Lernen nicht eingeräumt werden. In der Schule tritt das pädagogische Denken in organisierter und wissenschaftlich fundierter Form auf, und sie ist das größte Bollwerk der Herrschaft Erwachsener über Kinder. Wobei die gravierenden Menschenrechtsverletzungen noch nicht einmal das Gefährlichste sind, sondern die durch das Zwangslernen herbeigeführte Zerstörung der Lernfähigkeit der nachwachsenden Generation. Auf diese Ressource sind wir alle dringend angewiesen, doch unsere Kultur nimmt uns auch diese Chance, die Zukunft zu bestehen.

Die Schulwirklichkeit der Kinder ist – ganz unabhängig vom guten Willen aller beteiligter Erwachsener – strukturelle Gewalt, sie wird von den Kindern Tag für Tag konkret erlebt und von den dort arbeitenden Erwachsenen Tag für Tag konkretisiert.* Kinder erleben diese Gewalt als Gefängnis (»bleibt in der Klasse«), Zwangsarbeit (»tut dies und das«), Gehirnwäsche (»lest im Buch Seite 1984, denkt darüber nach und beantwortet die Fragen«), Unterdrückung der Meinungsfreiheit (»seid still«), Demoralisierung der Ich-Kompetenz (»eure Leistungen habt nicht ihr, sondern ich zu beurteilen«). Hinzu kommen die unzähligen Mißachtungen, die viele Lehrer aus Gedankenlosigkeit, Hilflosigkeit oder auch ganz einfach aus pädagogischer Überzeugung Kindern antun: als zusätzliche Übungen getarnte Strafarbeiten, Drohen mit den Eltern, Bloßstellen, Auslachen, Herabsetzen usw.

Die strukturelle Gewalt wird nicht offen diskutiert. Die Perspektiven Menschenrechte und Selbstbestimmung gelten nicht in bezug auf Kinder, nicht in bezug auf die Schule. Ganz im Gegenteil: Es geschieht doch alles nur zum Besten der Kinder. Dies ist die feste Überzeugung der Erwachsenen, die in der Schule arbeiten, sich engagieren und aufreiben, und sie könnten dies nicht, wenn nicht der gesellschaftliche Konsens über die Richtigkeit der Schule als solche bestehen würde.

Solange die Schule als Errungenschaft eingestuft wird, wird sie immer weiter Irrsinn produzieren. Ein Irrsinn, der die Realität der ihr unterworfenen jungen Menschen nicht erkennt und statt dessen ideologische pädagogische Hirngespinste »zu deinem Besten« zur Grundlage hat. Dies ist insofern ja auch schlüssig, als unsere Kultur Unterdrückung, Demoralisieren und Irremachen zur Basis hat.

Unser Denken darf nicht uns gehören – die daraus entstehende Gefahr für jedes Herrschaftssystem liegt auf der Hand. Und wenn wir 10 oder 13 Jahre das gedacht, logisch gedreht und gewendet, integriert, verarbeitet, zusammengefügt, analysiert und behalten haben, was uns die Abgesandten dieser Kultur vorgaben – dann sind wir in unserer *eigenen* Denkfähigkeit schwer beschädigt, mehr oder weniger irre. Die Schule attackiert ein Essential unserer Menschenhaftigkeit: *selbst* denken zu können. Die neue Beziehung führt auch

---

* S. a. mein Schultagebuch »Der Versuch, ein kinderfreundlicher Lehrer zu sein«, Frankfurt 1980.

dieses Vermögen wieder zu uns zurück, indem sie unser von der Schule unterdrücktes Denken als wichtigen Teil unseres Selbst wieder bewußt macht. Über psychodynamische Prozesse können wir das unendliche Leid der Schulzeit in uns zur Ruhe bringen, und wir befreien, was dort in Ketten geschlagen ist: *Selbst zu denken.*

Wenn wir junge Menschen beobachten, sagen wir gern, daß sie noch viel Phantasie haben und wie kreativ sie doch seien. Die Phantasie ist jedoch nur der Auftakt zu dem Vermögen, das in uns schlummert und das wir Denken nennen. Ich selbst kann mir nur ganz von fern vorstellen, welche Berge ich heute mit meinem Verstand versetzen könnte, wenn ich ihn in mir so hätte reifen lassen können, wie es *mir* zukam. Ich kann es mühsam entwerfen, wenn ich mir vor Augen halte, was da Jahr für Jahr mit mir angerichtet wurde – und ein tiefer gewaltiger Zorn wird dann wach. Keiner von uns wurde unterstützt, unser Denken so zu entfalten, wie es *uns* zukam, sondern wir – und alle Kinder heute noch – wurden gezwungen, unser Denken in die Richtung zu lenken, wie es andere *für uns* vordachten.

Mit Hilfe der neuen Beziehung finden wir heute die Perspektive und den Mut, unseren eigenen Kindern das Schulschicksal – Mißachtung von Menschenrechten, Zerstörung der Lernfähigkeit, Entfremdung des eigenen Denkens – zu erleichtern. Dabei ist politische Forderung, über die Länderparlamente Gesetzesänderungen herbeizuführen, welche die Schulpflicht – zumindest auf Antragstellung – aufheben, wie dies zum Beispiel in Frankreich möglich ist. Im Schulalltag können wir unsere Kinder wissen lassen, daß wir uneingeschränkt auf ihrer Seite stehen, als loyale Freunde.*

3. Relevanz der Wissenschaft

Die Wissenschaft ist eine interessante und aufschlußreiche Möglichkeit, um die Welt zu verstehen. Sie ist *eine* Möglichkeit, nicht mehr. Da unsere Kultur ihr aber – nach der Religion – die Schiedsrichter-

---

* S. a. »Thema der Schule – Was Eltern und Lehrer heute schon tun können«, Broschüre vom *Freundschaft mit Kindern*-Förderkreis e. V., Münster 1980.

funktion in strittigen Fragen übertragen hat, wird sie nicht mehr für eine von vielen Möglichkeiten der Erkenntnis gehalten, sondern für *die* Möglichkeit schlechthin. Was den Stempel »unwissenschaftlich« erhält, ist nicht mehr von Bedeutung.

Die wissenschaftlichen Ergebnisse sind immer auch Ausdruck der Kultur, aus der die Forscher kommen. Wenn Menschen mit patriarchalisch-pädagogischer Grundüberzeugung wissenschaftlich arbeiten und wir von ihnen Wissenswertes abrufen, begegnen wir der Welt auch auf dieser Ebene, und die Idee, daß sie doch »objektive, kulturunabhängige« Ergebnisse lieferten, ist bereits typisches Denken der Herrschaftskultur, die uns ja ganz allgemein glauben machen will, daß es außerhalb von uns eine »objektive« Welt gäbe. Die Realität des Menschen ist aber, sich seine Wirklichkeit selbst zu machen.* Was ja nicht ausschließt, spezielle Gesetzmäßigkeiten zu entdecken – soweit *wir* sie verstehen, und immer wieder hat sich gezeigt, daß *unser* Verständnis von den Dingen korrekturbedürftig ist.

Die neue Beziehung ist nun voll der Überzeugung, daß sich unsere bestehende Kultur im Irrealen verliert. Und in bezug auf die auf dieser Kultur aufbauende Wissenschaft ergibt sich die Kritik, daß sie uns außer ihren in sich vielleicht korrekten fachlichen Ergebnissen grundsätzlich Irreales vermittelt – nicht zuletzt auch durch den Anspruch, die einzige wirkliche Quelle der Erkenntnis zu sein.

Es gibt Wissenschaftstheoretiker, die diese Zusammenhänge bemerken und die Wissenschaft zu ihrer wahren Relevanz zurückführen. Dies hat beispielsweise sehr eindrucksvoll Paul Feyerabend in seinem Buch »Wider den Methodenzwang« (Frankfurt 1976) getan. Oder es hat sich die »Humanistische Psychologie« entwickelt, deren Grundpositionen der neuen Beziehung verwandt sind.

Die Völker anderer Kulturen haben viel Wissenswertes gefunden. Doch ihre Erkenntnisse wurden seit dem 15. Jahrhundert mehr und mehr durch die kulturelle Eroberung der abendländischen Welt zurückgedrängt, die der konkreten Unterdrückung des Kolonialismus folgte.

---

* S. a. Paul Watzlawick, Die erfundene Wirklichkeit, München 1981.

Mit der neuen Beziehung können wir erkennen, welchen Stellenwert wissenschaftliche Aussagen wirklich haben: sie sind *eine* Antwort auf unsere Fragen, und *wir* entscheiden über ihre Verbindlichkeit. Unser Denken wurde in den langen Jahren unserer Schulzeit unterdrückt, und die konsequente Fortsetzung dieser Unterdrückung geschieht durch eine mit Absolutheitsansprüchen auftretenden Wissenschaft. Wir erkennen heute die Irrealität dieses Anspruchs und beginnen, uns von der Macht der Wissenschaft über unser Denken zu befreien. Dadurch gewinnen wir Zugang zum Wert wissenschaftlicher Erkenntnisse: inwieweit sie *uns* helfen, uns in der Welt besser zurechtzufinden. Und wir haben einen klaren Blick dafür, wo uns Wissenschaft bedroht und entmündigen will.

Es geht der neuen Beziehung also nicht um Wissenschaftsfeindlichkeit, die nun an die Stelle der bisherigen Wissenschaftsgläubigkeit treten müsse. Sondern es geht darum, den korrekten Stellenwert wissenschaftlicher Aussagen zu beachten. Der Bezugspunkt aller Erkenntnis *bin ich selbst*, auch aller wissenschaftlichen Erkenntnis. Ein Objektivitäts- und Absolutheitsanspruch wird abgelehnt und als irreal zurückgewiesen. Wobei es die neue Beziehung selbstverständlich jedem selbst überläßt, nicht doch genau dies als für sich verbindlich anzuerkennen und auf die Objektivität der Wissenschaft zu setzen.

IV

In diesem Abschnitt der *Grundlagen* zeige ich die politische Relevanz der neuen Beziehung. Es geht um die Fragen, welche Macht eigentlich die wirkliche Macht ist, wo denn tatsächlich wirksame Politik betrieben wird, welche Bedeutung Normen und Gesetze für die Menschen der neuen Beziehung haben. Zum Schluß und als Schlußpunkt führe ich aus, daß und wie die neue Beziehung Friedensarbeit ist.

1. Reale Macht

Die Frage nach der Macht läßt sich verschieden stellen. Psychodynamische Macht, gesellschaftlich-politische Macht, theologische Macht, physische Macht usw. – welche Macht ist die eigentliche, die reale Macht? Auf welche Macht kommt es wirklich an? Und lenken die anderen Machtperspektiven und die dort entwickelten Machtumgangsformen nicht ab vom Erkennen und Umgehen mit der realen Macht und der Abwehr ihres Mißbrauchs?

Für viele Menschen gelten nur die gesellschaftlichen Machtverhältnisse als reale Machtfaktoren: »Sie legen fest, in welchem Rahmen wir überhaupt agieren können und sind die Bedingungen unseres Lebens«.

Der psychodynamische Ansatz und seine Frage nach der Macht, und erst recht seine Antwort »100 Prozent Macht über mich liegen bei mir« stößt sich hart an den gesellschaftlich-politischen Ansätzen und ihren Antworten. Die Entscheidung darüber, welche Macht wir als die reale ansehen, ist stets unsere Entscheidung, und was dem einen die gesellschaftlichen Zwänge sind, sind dem anderen die Zwänge in ihm selbst, und ein dritter erkennt in beidem reale Machtfaktoren in seinem Leben, und ein vierter läßt nur theologische Macht gelten usw.

In der neuen Ich-Beziehung wird die psychodynamische Macht als die entscheidende Macht angesehen. Ihr entsprechend können wir unser Leben gestalten und allen anderen Machterscheinungen begegnen. Wieweit ich beispielsweise gesellschaftliche Zwänge ertrage oder mich zur Wehr setze, hängt nicht mehr von diesen Zwängen ab – die ja auch ohne mein Zutun weiterbestehen, solange es andere gibt, die sie stützen und akzeptieren –, sondern von der Energie in mir, mit der ich mich dieser Macht stelle. Gesellschaftliche Veränderungen werden immer von Menschen durchgeführt, und wie erfolgreich diese Personen sind, hängt davon ab, mit welcher psychodynamischen Substanz, mit welcher personalen Potenz, mit welcher Ich-Sicherheit sie vorgehen können, und ob sie Gleichgesinnte zu solidarischer Aktion finden. Diese psychodynamischen Machtfaktoren sind entscheidend, wenn Personen auf das stoßen, was andere Personen in Regeln, Gesetze, Strukturen, Ideologie gebracht haben. Die Konkretisierung dieser Dinge in Beton, Stahl, Waffen einerseits und Demoralisierung und Entmündigung andererseits besteht ja nicht aus sich selbst, sondern ist Ausdruck der personalen Macht derer, die dies – gemeinsam mit *ihren* Gleichgesinnten – verfügen konnten.

Es ist mir klar, daß hierüber auch ganz anders gedacht wird. Dennoch ist für mich immer die entscheidende Frage gewesen: *Wer* und mit *welcher psychischen Energie* soll denn bestehende Bedingungen ändern? Das Aufzeigen der Bedingungen und Zwänge gesellschaftlicher Art ist ein Schritt. Aber es ist falsch, immer nur nach der Veränderung, nicht aber nach den *Veränderern* zu fragen. Nur Menschen haben die Macht, bestehende Verhältnisse, die wiederum von anderen Menschen gesetzt wurden, zu ändern.

Die psychodynamische Macht, die ein jeder in sich trägt, stößt die Dinge auch im gesellschaftlichen Bereich an. Reale Macht liegt immer in mir, und es ist meine Zuständigkeit, sie einzusetzen oder sie mir aus der Hand winden zu lassen. Und auch das ideologische Überbewerten gesellschaftlicher Bedingungen ist bereits Entmachtung meiner Möglichkeiten – doch niemand muß dies ja mit sich machen lassen.

100 Prozent Macht über mich liegen bei mir – dies ist das Machtpotential jedes einzelnen. Nur durch eine Schwächung dieser Position gelingt Herrschaft. Die neue Beziehung gibt uns die Möglichkeit unserer realen Macht zurück.

2. Politik der Beziehung

Ich gebrauche gern den Ausdruck »Politik der Beziehung«. Damit übertrage ich etwas von den »großen weltbewegenden« Zusammenhängen (Weltpolitik, Weltfriede) auf das »kleine alltägliche« Miteinander und will es ebenso gewichtig wissen wie das »Große«. Dabei gehe ich davon aus, daß auch in der »großen« Politik Menschen handeln, konkrete Personen. Und konkrete Menschen haben konkrete Erfahrungen gemacht. In unserer Kultur haben alle

Erwachsenen Entsetzliches erlebt: Daß ihre Selbstliebe nicht o.k. sei, daß Oben-Unten eine korrekte Idee sei, daß sie nur überleben können, wenn sie ihre Weisheit verbergen und statt dessen die Irrealitäten der Erwachsenenwelt für real halten. Alle groß gewordenen Kinder – und damit auch die politischen Entscheider – haben eine große Portion Irrsinn in sich.

Die Beseitigung des Irrsinns zwischen den Menschen beginnt im Umgang mit sich selbst und den anderen: in unseren Beziehungen. Dort findet die entscheidende Politik statt, deren sichtbare und für viele – inzwischen sogar für alle – spürbare Wirkungen nicht abgehoben der »großen Politik« entspringen, sondern dem, was das Erziehungsschicksal mit den politischen Machthabern in ihrer Kindheit angestellt hat.*

Wie in großen gesellschaftlichen Zusammenhängen können wir auch im Alltag diese oder jene Politik miteinander treiben. Eigentlich ist es so ausgedrückt zutreffend: So wie wir im Alltag unsere Beziehungspolitik gestalten, so werden wir auch die gesellschaftlichen Realitäten handhaben. Menschen, die lernten, nicht 100 Prozent ihrer Macht bei sich zu haben, finden ein politisches System, das ihnen nicht 100 Prozent Macht zugesteht, nicht nur schlicht selbstverständlich, sondern sie üben auch einen Druck aus, daß sich ein solches System etabliert.

Wenn nun Menschen miteinander umgehen, die tief sicher sind, daß sie 100 Prozent Macht über sich bei sich selbst haben, und wenn sie dies auch dem Gegenüber zugestehen, dann entwickeln sie ganz neue Regeln des Miteinanders. Ihre Beziehungspolitik ist von anderer Art als die von denen, die sich selbst und anderen absprechen, alle Macht bei sich zu haben. Die Politik ihrer Beziehung verändert auch die Grundmuster, nach denen sich die »große« Politik letztlich ausrichtet.

* S. a. hierzu Alice Millers antipädagogische Analyse der Kindheit Adolf Hitlers in ihrem Buch »Am Anfang war Erziehung«, Frankfurt 1980.

Normen (gesellschaftlich gültige und von uns akzeptierte Verhaltensregeln, die nicht aufgeschrieben sind, sondern so funktionieren) und Gesetze (aufgeschriebene und staatlich verbindlich gemachte Regeln) sind für uns etwas Selbstverständliches. Wie sollte ein Gemeinwesen funktionieren ohne diese Dinge?

Die neue Beziehung setzt auf den vertrauenswürdigen Menschen, auch auf den sozial vertrauenswürdigen Menschen. Dabei gibt es im unmittelbaren Umgang miteinander keine Normen mit Gültigkeit. Jeder kann sich zwar an bestimmte Normen gebunden fühlen, aber ob der andere davon etwas als auch für ihn verbindlich anerkennt, ist nicht mehr gesagt. Es gilt, daß die Beziehungspartner jeweils miteinander ausmachen, was gelten soll. Dieses »Ausmachen« ist nicht ein langwieriges Verhandeln, sondern es geschieht in Sekundenschnelle. Es geschieht in der offenen Begegnung von Menschen, die sich im Grunde vertrauen.

Normen – für alle verbindlich gemachte Regeln also – sind für diese Art der Beziehung überflüssig, ja störend, da sie einengen und die Souveränität der Beziehungspartner mißachten. Für die jeweils Betroffenen gilt, daß sie ihr Miteinander nach ihren ganz individuellen beiderseitigen persönlichen Strukturen ausrichten, oder, wenn man so will, ihre jeweiligen eigenen Regeln finden. Diese gelten aber nur solange, wie die Situation andauert, für die sie gefunden wurden – in der nächsten Situation kann es schon wieder anders sein.

Das freie Aushandeln darüber, wie man miteinander umgeht, geschieht schnell, erfaßt die Realität der Kommunikationspartner optimal und kennzeichnet Menschen, die in der neuen Beziehung leben. Diese Art zu leben ist realistisch, konstruktiv, ehrlich, effektiv und hilfreich und in keiner Weise – wie es oft eingewendet wird – chaotisch.

Dies alles wird sich nicht nur auf die allgemein anerkannten ungeschriebenen Normen auswirken, sondern auch auf die geschriebenen Gesetze. Vorausgesetzt, es werden genug Menschen nach dieser Art leben. Das Vertrauenspotential unter den Menschen wird dann so stark sein, daß es weder ungeschriebener Normen noch geschriebener Gesetze bedarf. Den Wegfall der Gesetze können wir uns heute kaum als etwas Konstruktives vorstellen. Und solange es noch Menschen in übergroßer Zahl gibt, die diese Sicherheitskette an der »Bestie Mensch« nicht vermissen möchten, ist es sicher auch gut, daß es sie gibt. Denn nichts ist gewonnen, wenn sich die Angst unter den Menschen vergrößert. Und es ist für die Menschen der neuen Beziehung selbstverständlich, daß sie geltendes Recht und bestehende Gesetze respektieren.

Aber die Perspektive eines gesetzesfreien Gemeinwesens, das auf dem Vertrauen der konkreten Menschen basiert und in für alle übersichtlichen Strukturen verläuft und jeden in die politischen Entscheidungsprozesse einbezieht, sofern er es nur will – eine solche Perspektive als Konsequenz der neuen Beziehung wird von denen, die die neue Beziehung zu leben beginnen, durchaus heute auch gedacht. Das Recht, das dann gilt, ist von neuer – und wiederum von uralter – Art: Es kommt aus der Souveränität und Würde jedes einzelnen Menschen, der sich und die anderen liebt, der Gleicher unter Gleichen ist. Dieses Recht muß nicht beschlossen, verfügt und durchgesetzt werden. Es lebt in den Herzen der Menschen – und es lebt auch in uns, von Geburt an.

4. Friedensarbeit

Seit 10000 Jahren lernen Menschen, in Konfliktsituationen als letztes Mittel die Vernichtung des anderen parat zu haben. Und damit man dann, wenn es darauf ankommt, nicht auf der Strecke bleibt, wird man innerlich kriegsbereit. Man gleitet alternativlos in die Mentalität eines Kriegers, und je nach Epoche und Situation verfügt man dann über psychologische, intellektuelle, wirtschaftliche, theologische, brachiale, chemische, biologische, technische und atomare Waffen. Seit dieser Zeit sind die Menschen auch dazu übergegangen, im anderen denjenigen zu sehen, der sie vernichten könnte: Als Bösen, von dem existentielle Gefahr ausgeht. Kriegerische Mentalität und Angst vor Vernichtung gehören zusammen. Auch zur Durchsetzung von guten Zwecken fiel den Menschen dementsprechend nur ein, bessere Krieger zu sein als die Bösen. Dies bedeutet, daß Krieg geführt werden muß, »zum guten Zweck«, und bezogen auf die aktuelle Situation – die atomare Bedrohung – folgt daraus, daß ein letztes, endgültiges Gefecht stattfinden muß, um den Bösen die Todeswaffen wegzunehmen. Und dann? Es ist klar, daß sich die »Befreier« dann mit sehr sicheren Waffen vor diese Beute stellen müssen, damit sie ihnen nicht wieder entrissen wird. Das Bild vom Krieger wird nicht aufgegeben, der Kreislauf des Krieges nicht zerbrochen.

Die neue Beziehung zeigt den anderen Weg, den Weg zum Frieden. Es wird der ihr zugrunde liegende innere Friede, der aus der wiedergefundenen Selbstliebe kommt, nach außen getragen: Frieder treten auf. Der Mentalität der Krieger wird die Mentalität der Frieder entgegengesetzt – ein jeder kann diesen Identitätswechsel vollziehen. Frieder achten sich selbst und die Würde des anderen, auch dessen, der so ganz entgegengesetzte Auffassungen hat. Ihre Waffenlosigkeit ist eine machtvolle Alternative, sie ist *die* Alternative. Die eigentliche Friedensarbeit kann nicht darin bestehen, den anderen die Waffen wegzunehmen oder sie ihnen zu zerstören. Denn es ist unsinnig, sich überhaupt mit Waffen zu befassen, weil jeder, der dies tut, in die Mentalität des Kriegers abgleitet. Wirkliche Entwaffnung ist nur ohne Waffen möglich. Die konkreten Waffen werden so lange unter uns sein, wie sie in den Herzen der Menschen ihren Platz haben. Dort aber kommen sie hin, wenn wir von Geburt an erfahren, daß wir nicht so, wie wir sind, o.k. seien, daß andere besser wüßten als wir, was für uns gut sei, daß das Oben-Unten-Schema korrekt sei, daß es Sieger und Besiegte geben müsse, daß vom anderen existentielle Gefahr ausgehe. Jeder pädagogische Akt realisiert diese Dinge! *Dort* kann jeder von uns den Kreis durchbrechen: der erziehungsfreie Friede läßt sich leben, sobald damit begonnen wird, die neue Beziehung zu verwirklichen.

Es ist klar: Die Krieger, die es seit 10000 Jahren gibt und deren Mentalität heute uns alle zu vernichten droht, müssen abgelöst werden. Ihre Waffen dürfen nicht zum Einsatz kommen. Die Besinnung auf wirklich friedenserhaltende Beziehungsformen beginnt heute, und die neue Beziehung zeigt in einem ersten Aufblinken an, welche Möglichkeiten wir tatsächlich haben. Den Kriegern treten wir mit unserem neuen Wissen um den Konflikt und seine Lösung entgegen, mit unserer Selbstliebe und ihrer Friedensenergie, unserem Gefühl für die Würde des anderen, auch für die der Krieger. »Liebe deine Feinde« – so ist es. Doch es ist natürlich die Frage, ob die Potenz der Frieder noch rechtzeitig kommt, ob nicht dann, wenn es genug Frieder geben könnte, die Krieger längst die Vernichtung aller herbeigeführt haben.

Muß nicht zweigleisig für den Frieden gearbeitet werden? Muß nicht einerseits die psychodynamische Befreiung des Menschen verfolgt werden (Ausbreitung der Mentalität der Frieder, Wiedergewinnen der Selbstliebe, Beenden des pädagogischen Denkens) und andererseits eben auch *mit Waffen* denen Einhalt geboten werden, die heute im Besitz der Waffen sind? Was nützt denn die beste Friedensbewegung, wenn sich die Krieger darüber nur lustig machen, weil sie nun ungestört von bewaffneten Konkurrenten um so besser tun können, was sie wollen? Läßt sich durch das Setzen auf die Frieder die Zukunft der Menschheit gewinnen, das Jahr 2010, in dem unsere Enkel geboren würden, das Jahr 2040, in dem die Kinder unserer Enkel geboren würden, das Jahr 3000 und alle Jahre danach?

Ich weiß die »objektiv richtige« Antwort nicht. Ich weiß aber, daß es ohne die Beseitigung der Waffen in uns – der Idee, daß sich Konflikte mit Krieg lösen lassen – immer so enden wird, daß einer gewinnt und der andere verliert, im privaten wie im gesellschaftlich-politischen Rahmen. Und ich weiß, daß *diese* Mentalität niemals den Frieden schaffen kann. Ich für meinen Teil habe mich entschieden, den Frieden meiner Selbstliebe und der ihr entspringenden sozialen Energie den Waffen, auch den atomaren Waffen, entgegenzusetzen. Und ich stelle fest, daß ich *so* sehr wirksam bin: Ich erreiche immer mehr Menschen, die ihrerseits durch meinen Anstoß ermutigt werden, daß sie sich zu Friedern entwickeln können.

Ich denke, daß ein Frieder alle seine Möglichkeiten ausschöpft, etwas für den Frieden zu tun. Bei mir sieht es so aus, daß ich publizistisch und therapeutisch arbeite. Andere Frieder, die ich kenne, arbeiten im sozialen Bereich, sind Arzt, in der Verwaltung oder als Lehrer tätig, usw. Wenn wir darauf setzen, daß jeder an seinem Ort die neue Mentalität, ein Frieder zu sein, lebt und verbreitet: warum sollte das nicht Erfolg haben? Auch kurz vor Zwölf brauchen wir nicht in totale Aufregung zu verfallen, in Angst zu erstarren oder vor Verzweiflung um uns zu schlagen beginnen. Die letzten Minuten, die wir haben, lassen sich nutzen! Jeder von uns kann David sein, und unsere Selbstliebe kann die atomare Bedrohung wie damals den gigantischen Koloß Goliath zurückdrängen.

Hilfen

1. Bücher

Eine ausführliche kommentierte Literaturliste zur neuen Beziehung ist beim *Freundschaft mit Kindern*-Förderkreis e. V. erhältlich (Anschrift s. u. S. 163). Hier stelle ich einige Bücher vor, die für mich persönlich am wichtigsten sind.

Zum antipädagogischen Aspekt

Hier zunächst die *Antipädagogik* von Ekkehard von Braunmühl (Weinheim 1975). Die Aussagen dieses Buches sind grundlegend für die neue Beziehung. Was mir an dem Buch nicht gefällt, ist die aggressive Polemik gegen jeden, der sich pädagogisch versteht. Aber dies schmälert kein bißchen seine sachliche Wichtigkeit. Grundlegend sind auch die Bücher von John Holt, von denen inzwischen einige auf deutsch erschienen sind. Mir am wichtigsten ist sein »Escape from Childhood« (USA 1975), *Zum Teufel mit der Kindheit*, Wetzlar 1978, in dem ausführlich beschrieben wird, was es für Konsequenzen hat, wenn wir unsere Kinder als vollwertige Mitbürger anerkennen.

Sehr beeindruckend ist das Buch von Richard Farson *Menschenrechte für Kinder*, München 1975 (»Birthrights«, USA 1974). Das Buch von Christiane Rochefort *Kinder*, München 1978 (Frankreich 1976) macht den Klassengegensatz Kinder–Erwachsene deutlich. (Nicht verwechseln mit Rocheforts Buch »Kinder unserer Zeit«).

Zum psychodynamischen Aspekt

Hier sind mir vor allem die Bücher von Carl R. Rogers wichtig. Die neuesten Veröffentlichungen in deutscher Sprache geben sehr gut seine Gesamtphilosophie wieder und rücken das Bild zurecht, das in Deutschland durch die einseitige Auslegung seiner Erkenntnisse in eine Technik entstand. Es sind dies die Bücher *Der neue Mensch*,

Stuttgart 1981 (»A Way of Being«, USA 1980) und *Die Person als Mittelpunkt der Wirklichkeit*, Stuttgart 1980, das 1977 auf spanisch erschien und zusammen mit Rachel L. Rosenberg herausgegeben wurde. Rogers' Werk – seine therapeutischen Entdeckungen, seine Therapie, seine Philosophie, seine politischen Implikationen – ist überzeugend in der Rogers-Biographie von Howard Kirschenbaum dargestellt (*On Becoming Carl Rogers*, USA 1979).

Speziell zur Frage der Macht der Person: *Die Kraft des Guten*, München 1978 (»Carl Rogers on Personal Power«, USA 1977), und speziell zum Gruppengeschehen *Encountergruppen*, München 1974 (»On Encounter Groups«, USA 1970); *Lernen in Freiheit*, München 1979[3] (»Freedom to Learn«, USA 1969) beschreibt das selbstbestimmte Lernen.

Ronald D. Laing, *Das geteilte Selbst*, Köln 1972 (»The Devided Self«, England 1960) ist ein Grundlagenbuch der Antipsychiatrie und Personologie.

Das von Paul Watzlawick herausgegebene (nicht einfache) Buch *Die erfundene Wirklichkeit*, München 1981, macht deutlich, wie wissenschaftliche, gesellschaftliche und individuelle Wirklichkeiten durch die *Annahme* eines objektiven »da draußen« erst erfunden werden und daß es zwischen mir und dir als Mittelpunkt des Universums eine zentrale Bezugsgröße gibt: Unsere Beziehung.

Zum kulturellen Aspekt

Drei Bücher sind mir besonders wichtig: *Identität und Gesellschaft* von William Glasser (Weinheim 1974 / »The Identity Society«, USA 1972) zeichnet den großen Bogen von den Gesellschaftsformen der Urzeit bis zu unserer heutigen, mit wichtigen Aussagen über die konstruktive Art des Zusammenlebens vor der neolithischen Revolution. Weniger wichtig sind mir Glassers Aussagen zur Realitätstherapie.

Das Buch von Ernest Bornemann *Das Patriarchat*, Frankfurt 1975, analysiert »Ursprung und Zukunft unseres Gesellschaftssystems«, wie es im Untertitel heißt. Es ist mir wegweisend gewesen für das Verständnis der Zeit von der neolithischen Revolution bis heute, also unserer Kulturform.

Der Konflikt der Generationen von Margaret Mead (Olten 1971 / »Culture and Commitment«, USA 1969) setzt gegenwartsbezogen an und hat mir deutlich gemacht, daß seit dem Abwurf der Atombomben 1945 für die Menschheit eine neue Epoche begonnen hat.

In meinen eigenen Publikationen habe ich einzelne Aspekte der neuen Beziehung bearbeitet. Ich habe auf sie jeweils im Text hingewiesen und stelle sie hier zusammen.

– *Eigenes Denken/Selbstbestimmtes Lernen/Schule:*
  »Der Versuch, ein kinderfreundlicher Lehrer zu sein. Ein Tagebuch«, Frankfurt 1980.
  »Thema Schule – Was Eltern und Lehrer heute schon tun können. 20 Vorschläge«, Broschüre des *Freundschaft mit Kindern* – Förderkreis e. V., Münster 1980

– *Adultismus/ Kinderrechtsbewegung:*
  »Kinderrechtsbewegung und Deutsches Kindermanifest«, Broschüre des *Freundschaft mit Kindern* – Förderkreis e. V., Münster 1981

– *Zusammenleben mit Kindern:*
  »Unterstützen statt erziehen. Die neue Eltern-Kind-Beziehung«, München 1982.

– *Psychodynamik:*
  »botschaften des zuhörens. die kommunikation von person zu person«, Mülheim 1982

– *Überblick/Einführung in die neue Beziehung:*
  »*Freundschaft mit Kindern* – Hefte« und *Freundschaft mit Kindern* – Tonbandkassette«, jeweils aktuelle Publikationen des *Freundschaft mit Kindern* – Förderkreis e. V., Münster

– *Wissenschaft:*
  »Determinanten personaler Kommunikation mit jungen Menschen«, Dissertation Osnabrück 1980 (Loseblatt-Kopie beim *Freundschaft mit Kindern* – Förderkreis e. V., Münster)
  »Antipädagogikforschung. Bericht und Methode der ersten Kinderrechts-Promotion«, Mülheim 1983

2. Freundschaft mit Kindern – Förderkreis e. V.

Der *Freundschaft mit Kindern* – Förderkreis e. V. wurde 1978 zur Verbreitung der erziehungsfrei-therapeutischen Lebensführung gegründet. Er ist ein bundesweiter gemeinnütziger Verein, hat seine Bundesgeschäftsstelle in Münster/Westfalen und ist in regionalen Förderkreisgemeinschaften organisiert. Die Vereinsmitglieder sind Förderer, das heißt, sie haben sich zur Aufgabe gemacht, die neue Beziehung zu sich selbst (dem großgewordenen Kind) und den anderen (den wie sie großgewordenen Kindern, den Erwachsenen, und den jetzt jungen Menschen) bekannt zu machen und jeden zu unterstützen, der so leben möchte. Die Lebensart, die auf der neuen Ich-Beziehung aufbaut, wird seit 1978 *»Freundschaft mit Kindern«* genannt.

Der Förderkreis führt hauptsächlich Öffentlichkeitsarbeit durch. Es wird in vielfältigster Form darüber berichtet, daß eine neue Beziehung zu sich selbst und den anderen möglich ist. Dabei wird nicht nur ein neuer Umgang mit Kindern betont, sondern es wird deutlich gemacht, daß sich die neue Ich-Beziehung auf alle Beziehungen auswirkt, und daß es zunächst einmal um einen jeden selbst geht. Die Veranstaltungen der Öffentlichkeitsarbeit zeigen, daß der Gesamtaspekt von *Freundschaft mit Kindern* auch von Neuinteressenten rasch verstanden wird. »Kann ich mich auf eine Veränderung meiner Identität einlassen und das Wissen, das ich als Kind hatte, wieder in mein jetziges Leben als Erwachsener bringen?« So lautet die entscheidende Frage, die auf jeden zukommt, der sich über *Freundschaft mit Kindern* informieren läßt.

Neben dieser informierenden Arbeit bietet der Förderkreis vor allem für seine Mitglieder in regionalen Gruppen und auf bundesweiten Workshops die Möglichkeit, die neue Beziehung emotional zu lernen. Zum gemeinsamen Erleben der neuen Praxis werden im Sommer Familienwochen durchgeführt.

Der Förderkreis informiert jeden gern über seine Arbeit. Fordern Sie kostenfreies Informationsmaterial an, oder bestellen Sie die Grundsatzbroschüre des Förderkreises oder seine Tonbandkassette, für die ein Unkostenbeitrag erhoben werden.

3. Freundschaft mit Kindern – Institut

Anfang 1983 wurde vom Förderkreis das *Freundschaft mit Kindern* – Institut gegründet. Es steht unter meiner Leitung und hat zur Aufgabe, Veranstaltungen durchzuführen zur Information über *Freundschaft mit Kindern* und zum emotionalen und praktischen Erlernen der neuen Beziehung. Hierzu werden Wochenendseminare und Workshops angeboten. Es ist auch möglich, Referenten des Instituts – mich eingeschlossen – zu eigenen Veranstaltungen einzuladen. Ich habe schon oft in der zurückliegenden Zeit in Elterngruppen, Universitätsseminaren, Schulklassen, Erwachsenenbildungsstätten, Volkshochschulkursen usw. über unsere Konzeption und unsere Arbeit informiert.

Der Schwerpunkt zu Beginn der Institutsarbeit liegt in der Arbeit mit kleinen Gruppen. Es ist dabei das Ziel, daß jeder Teilnehmer seine eigene Macht wieder fühlt und den Zugang zu seinen eigenen Wahrheiten wiederfindet. Meine Aufgabe sehe ich darin, die neue Beziehung einfach – aber nicht einfach zu machen – vorzuleben und ein Wochenende lang darauf hinzuweisen, wann Einstiege zu sich selbst möglich werden. Beispielsweise geht ein Gespräch hin und her und ich bekomme gerade noch die spontane Äußerung eines Dritten zum Gesprächsverlauf mit. Dann unterbreche ich das Gespräch und sage, daß es jetzt auch möglich wäre, die Aufmerksamkeit auf den zu lenken, der sich spontan äußerte. Denn diese »Randbemerkung« könnte viel echter und für alle fruchtbarer sein als das, was wir gerade besprachen. Ob die Gruppe mein Statement dann als Störung empfindet oder ihm folgt, wird sich zeigen.

Jeder von uns hat Wahres und Wichtiges mitzuteilen. Wir werden mit unendlichen Schätzen geboren, und als Kinder sind wir noch voll davon. Aber uns wurde diese Fähigkeit wie vieles andere aberzogen. Wenn ich mich dann in der Gruppe traue und sage, was ich sehe und weiß, dann wird dies andere ermutigen, ihre Wahrheit ebenfalls einzubringen. Wir alle werden uns als Chef unseres Tuns und als selbstverantwortlich für unser Wachsen erleben. In einer Gruppe, an der ich teilnehme, gibt es somit – aus meiner Sicht – nur souveräne Menschen. Ich bin dabei der, der dies vielleicht als erster weiß – aber eben nicht als einziger ist. Es ist wie beim Scheunentorbeispiel: Ich traue mich zuerst durch, weil ich wissen will, was dahinter los ist. Und dies kann bei den anderen so viel Energie freisetzen, daß auch sie sich trauen, *ihre* Tore zu durchschreiten, daß sie ihre eigene Macht und Selbstliebe wieder zu spüren beginnen.

Neben dieser Arbeit mit antipädagogischer Gruppendynamik werden große und kleine Seminare zur Erst-Information angeboten. Dabei wird in Plenarsitzungen und kleinen Gruppen ausführlich über alle Aspekte der neuen Beziehung informiert, es wird diskutiert und überwiegend intellektuell gearbeitet. Darüber hinaus wird auf diesen Einführungsseminaren ein erstes emotionales Lernen versucht, sofern es die Teilnehmer wünschen. Dabei kommt es vor, daß sich eine besondere Lerngruppe bildet, die parallel zu den anderen Gruppen arbeitet. Es ist aber auch möglich, daß sich ein gesamtes Seminar auf psychodynamische Abenteuerfahrt begibt, und hierbei erlebten wir einen faszinierenden Höhepunkt unserer bisherigen Arbeit: Tief in der Nacht entwickelte sich eine psychodynamische Gruppe mit über 100 Teilnehmern. Drei Stunden begegneten wir uns als Menschen, die auf dem Weg zu sich selbst unterwegs waren, und deren energievoller Funkenflug immer mehr Selbstliebefeuer entflammte.

An den Veranstaltungen des *Freundschaft mit Kindern* – Instituts kann jeder teilnehmen, und die Leser von *Ich liebe mich so wie ich bin* sind besonders herzlich eingeladen. Das jährliche Programm informiert Sie über Termine und Gebühren. Und wenn Sie mir schreiben wollen, so können Sie dies gern tun, ich freue mich auf Ihren Brief.

*

Die Anschrift:

Freundschaft mit Kindern – Förderkreis e. V.
Bundesgeschäftsstelle
Lütke Gasse 21
D-4400 Münster

Epilog

Vor zwei Jahren lernte ich Toni kennen. Sie schrieb diesen Brief an ihre Katze, und ich finde ihn so weise, daß ich sie bat, ihn in mein Buch aufnehmen zu können. Für sie war das o.k. – und für mich ist ihre Botschaft ein Symbol für die Menschen, die damit begonnen haben, sich wiederzufinden und die Welt mit ihrer wachsenden Selbstliebe zu verzaubern.

Brief an meine Katze

Ich beobachte täglich ein Wesen, das ich sehr vorbildlich finde: eine Katze. Ich lerne von ihr, ohne daß sie mich lehren will – der Unterschied ist wichtig! –, und habe zu meiner Freude festgestellt, daß ich schon mehr Katze bin als früher. Meine Lehrerin liegt zur Zeit entspannt zusammengerollt im Schaukelstuhl und schert sich den bekannten feuchten Kehricht um das, was sie für mich bedeutet.
Ich wäre gern noch mehr wie du:
Ich möchte nicht mehr analysieren und erklären, sondern einfach da-sein: wie du, die du dich in der Sonne wärmst, ohne etwas über das Zustandekommen des Wetters wissen zu wollen.
Ich möchte mir mit sicherem Gefühl Menschen suchen und von ihnen weggehen können, wenn sie nicht gut für mich sind: wie du, die du ohne Zögern meidest, bevorzugst, liebst, verläßt.
Ich möchte mir Zärtlichkeit und Liebe holen können, wenn ich sie brauche: wie du, die du dann sanft auf meinen Schoß springst.
Ich möchte unaufdringlich und ohne Ratschläge trösten können: wie du, die du einfach zu mir kommst und mir zuhörst, wenn du merkst, daß ich traurig bin.
Ich möchte mich zuviel »Liebe« und zuviel Anspruch anderer gelassen entziehen können: wie du, die du ruhig aufstehst und fortgehst, wenn mein Streichelbedürfnis größer ist als deins.
Ich möchte mich wehren können: wie du, die du die Krallen zeigst, wenn ich deine sanfteren Zeichen nicht verstehe.

Ich möchte ohne Schuldgefühle bevorzugen und ungerecht verteilen können: wie du, die du nachts, wenn B. nach Hause kommt, von meinem Bett aufstehst und in ihr Zimmer gehst – ohne zu überlegen, »was das mit mir macht«.

Ich möchte allezeit erstmal für *mich* sorgen können und *mich* wichtig nehmen: wie du, die du stets nur etwas für *dich* tust – und es ist schön, wenn unserer beider Wünsche übereinstimmen.

Ich möchte meiner Kraft und meinem Können sicher vertrauen: wie du, die du deine Sprünge immer richtig abschätzt und genau weißt, was zu gefährlich für dich ist, was du nicht schaffst.

Ich möchte achtsam und vorsichtig sein können, meinen Weg zu gehen, ohne zu zerstören: wie du, wenn du auf meiner vollen Fensterbank spazierst, ohne etwas umzuwerfen.

Ich möchte anmutig, kraftvoll, harmonisch und schön sein: wie du, die du nicht überlegst, ob du wohl anmutig*er*, schön*er* . . . bist; wie du, die du keine verspannten Muskeln hast, weil du nichts unterdrückst.

Ich möchte mich trauen, mit weniger Worten auszukommen: wie du, die du darauf vertraust, daß ich dich lieb genug habe, dich auch wortlos zu verstehen; wie du, die du deine Sachen machst, ohne um Erlaubnis zu fragen und dich zu rechtfertigen.

Ich möchte laut fordern können, was ich für mein Recht halte: wie du, wenn du morgens dein Frühstück verlangst.

Ich möchte mich laut beschweren können, statt seufzend hinzunehmen: wie du, wenn dir dein Katzenklo zu dreckig ist.

Ich möchte mich einfach in anderer Leute Betten legen und nicht an meinem Wert zweifeln, wenn sie mich dort nicht haben wollen: wie du.

Ich möchte neugierig sein und mich in alle Höhlen trauen: wie du, der kein Karton zu dunkel und kein Schrankfach zu unheimlich ist.

Ich möchte in meiner Umgebung immer wieder neue Dinge, Menschen, Freude-Möglichkeiten, Streichel-Partner, spannende Sachen zum Untersuchen und Spielen finden: wie du, die du dich nie langweilst.

Ich möchte mich total dem Genuß hingeben können, wenn mir Liebe gegeben wird: wie du, die du nie berechnest, wieviel Gegenstreicheleinheiten du mir nun schuldest und nie überlegst, ob ich dich morgen auch noch streichele, wie du dir eine Garantie dafür verschaffen kannst, was du dafür tun mußt und wen ich sonst noch streichele . . .

Ich möchte mich trauen, eitel zu sein und mich stundenlang mit mir zu beschäftigen: wie du, die du dich so ausgiebig und genußvoll putzt, für *dich*.

Ich möchte *alle* meine Eigenschaften besitzen und keine davon verleugnen: wie du, die du dich nie fragst, ob Mäusefangen moralisch ist; die du dich nicht der Schizophrenie verdächtigst, weil du zärtlich *und* grausam bist.

Ich möchte mich aus Angelegenheiten anderer raushalten und nicht deren Bestes wissen: wie du, die du mir nicht das Rauchen oder das Colatrinken verbietest.

Ich möchte sicher, unmanipulierbar und unerziehbar sein: wie du, die du nur *deiner* Wege gehst, nur *dir* gehorchst, nur *dir* gehörst.

Ich möchte nicht andere fragen müssen, wie ich am besten Toni bin: wie du, die du nicht auf die Idee kämest, eine andere Katze zu fragen, wie man am besten eine Katze ist.

Ich möchte keine Theorien mehr lesen, sondern einfach leben: wie du, die du dich frech auf mein Buch legst und die Schrift verdeckst, in der ich wieder nach dem Zauberwort gesucht habe, und mir zeigst: *Hier* ist das Lebendige, *jetzt!*

Dank

Herzlich danke ich meiner Lektorin, Frau Dagmar Olzog, M.A., für ihre Ermutigung, dieses Buch wirklich zu schreiben und mir dafür die Zeit zu nehmen, die ich brauchte.

Mit ihren Berichten im 2. Teil des Buches haben mir die dort aufgeführten Personen geholfen, die neue Praxis anschaulich zu machen. Hierfür danke ich ihnen.

Bei meiner Mutter bedanke ich mich sehr für ihr nächtelanges Durchlesen des Manuskripts und ihre Hinweise auf mißverständliche Textstellen.

Unendlich dankbar bin ich Rigi für ihre Geduld, daß ich mich so kurz vor der Geburt von Xenia, unserem zweiten Kind, *diesen* Dingen widmete.

Felix' Verständnis für »Papa muß schreiben« bewundere ich sehr, und wenn ich eine Pause brauchte, waren unsere Radtouren eine wundervolle Erholung.

Energie und Verbundenheit kamen von Xenia, und diese Botschaften eines noch nicht geborenen Menschen aus dem unendlichen Kosmos machten mich sicher und glücklich.

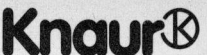

Feuerabendt, Sigmund / Hammer, Oscar
Yoga-Therapie
Der natürliche Weg zur Gesundheit.
Yoga ist eine uralte Sammlung von Erfahrungen über unseren Körper, Seele und Geist, über deren Funktionen, natürliche Fähigkeiten und innere Möglichkeiten. In diesem mit Bildern und Übungen ausgestatteten, sehr praxisorientierten Buch, erläutert der Autor seine Yoga-Therapie.
288 S. mit Abb. [7731]

Galton, Lawrence / Friedmann, Lawrence W.
Was tun, wenn der Rücken schmerzt?
»Zahllos sind die Aufklärungsbücher über Wirbelsäulenbeschwerden. Aber nur wenige orientieren den Patienten über Ursachen und Zusammenhänge so gut wie dieses Buch.«
288 S. mit 58 Abb. [4302]

Gesundmacher und Seelenheiler
Wenn die Schulmedizin nicht mehr weiter weiß: außergewöhnliche Therapien für Körper und Seele.
144 S. [4325]

Kaufmann, Christine
Körperharmonie
Schönheit und Gesundheit als Spiegelbild bewußter Lebensgestaltung.
Ein Handbuch für alle, die auf eine ganzheitliche Pflege von Körper und Seele setzen wollen. 238 S. mit 14 s/w-Abb. [7721]

Knaurs Gesundheitslexikon
Der zuverlässige Ratgeber für Gesunde und Kranke – ein langbewährtes Nachschlagewerk für die Familie.
960 S. mit 195 Abb. [7002]

Kneipp, Sebastian
Meine Wasserkur
Kneipps Gesundheitslehre.
288 S. mit Abb. [4314]
So sollt ihr leben
Kneipps weltberühmter Ratgeber in zeitgemäßer Bearbeitung. 320 S. [4313]

Zi, Nancy
Die Kunst, richtig zu atmen
Dieses Buch erklärt anhand von 30 Übungen, wie jedermann lernen kann, seine Atmung in Energie umzusetzen. Es zeigt, wie wir ein stabileres Gleichgewicht und größere innere Kraft erlangen und Geist und Körper besser koordinieren können.
192 S. mit Abb. [7729]

Medizin und Gesundheit

Frances E. Vaughan

Intuitiver leben
Wie wir unser inneres Potential entwickeln können
223 Seiten. Gebunden

»Dieses Buch enthält eine Botschaft,
die nicht leicht genommen werden
sollte. In der westlichen Welt, wo die
einseitige Pflege rationaler Fähigkeiten ein Gefühl persönlicher Entfremdung geschaffen und uns an den Rand
einer globalen Katastrophe gebracht
hat, könnte die Wiederentdeckung der
Intuition weitreichende Konsequenzen
für die Lebensqualität jedes einzelnen
und für die Zukunft des Planeten
haben.«

Stanislav Grof

Kösel-Verlag